JN441091

소리 없는 풀잎의 말

- 숲의 언어, 사람의 마음 -

소리 없는 풀잎의 말

– 숲의 언어, 사람의 마음 –

초판 1쇄 인쇄 | 2025년 06월 13일

지은이 | 김용덕

펴낸이 | 이재욱(필명:이승훈)

펴낸곳 | 해드림출판사

주　소 | 서울 영등포구 경인로82길 3-4(문래동1가 39)
센터플러스빌딩 1004호(우편07371)

전 화 | 02-2612-5552

팩 스 | 02-2688-5568

E-mail | jlee5059@hanmail.net

등록번호　제2013-000076

등록일자　2008년 9월 29일

ISBN 979-11-5634-635-7

여태까지의 삶에 대한 진솔한 적바림이자 고백

소리 없는 풀잎의 말

김용덕 수필집

해드림출판사

펴내는 글

소리 없는 말들과 눈을 맞추며

자연과 서로 소통하고 관계를 맺을 때 우리는 비로소 인간다운 삶의 가치를 추구할 수 있다. 문득 어린 시절 부모님께서 들려주신 말씀이 떠오른다.

"흙은 거짓말을 하지 않는다."

그 말은 적지 않은 세월이 흐른 지금도 가슴속에 생생하게 살아 숨 쉬고 있다. 철없던 어린 시절 흙먼지를 마시면서 풀밭에서 나뒹굴며 뛰놀 때 산야를 비롯한 자연은 나의 친구이자 젖줄이었다.

서른 즈음에 (사)자연보호중앙협의회에 가입했다. 그 이후 자연과 벗하며 살아온 세월은 생명 사랑 실천 운동과 기후위기 대응의 길을 일관되게 걸어왔다. 그 길에서 자연과 인간이 공존하는 삶이 던지는 물음과 은유들을 마주하며 수많은 생각을 하다가 글을 쓰기 시작했다.

글은 단지 미래를 꿈꾸는 도구가 아니라 속절없이 흘러가는 세월과 기억을 붙들고 삶과 소통하는 언어이다. 나무가 세월을 품은 채 꽃잎으로 그 시간을 드러내듯이 나 또한 기쁨과 슬픔의 실타래 같은 영혼을 글로 풀어내며 살아가려고 다짐하며 끊임없이 진력하고 있다.

흔히들 크고 요란한 말만 중요하게 여긴다. 하지만 진정한 말은 고요 속에서 들려온다. 말이 없는 들판과 수목, 침묵하는 꽃잎, 입 다문 돌멩이조차도 저마다의 언어로 세상과 교감하고 있다.

이제야 깨닫는다. 글을 쓴다는 것은 그런 침묵의 언어에 귀를 기울여 들으며 말 없는 존재들과 눈을 맞추는 일이라는 사실을 말이다. 바람결에 스치는 풀잎 소리나 꽃잎 하나 지는 소리에도 마음을 열며 그들의 얘기를 받아 적는다.

따라서 이번에 펴내는 글 집은 그렇게 하찮게 여기고 지나치던 소리 없는 존재들이 들려준 사연의 기록이다.

컴퓨터에 갈무리 되어 있던 글들에 눈길이 머물렀다. 그동안 틈틈이 써 놓았던 작품이 제법 되었다. 부족하지만 책으로 펴내 밝은 세상에 선을 보이고 싶었다. 이런 욕심에서 닦고 다듬어 정리해 '소리 없는 풀잎의 말'이라는 이름을 붙여 대명천지에 내놓기로 했다.

한편 갈무리된 작품 중에 마흔아홉 개의 아람들을 골라 다섯 부(部)로 나뉘어 차례대로 '미래를 지향하는 청년', '자연에서 시작하는 생물의 다양성', '기억의 숲, 삶의 향기', '그 손의 냄새, 길 위의 숨결들', '삶의 고갯길에서 피어난 눈빛'이라고 명명했다.

아직은 부족하고 설익어 시거나 떫을지라도 여태까지의 삶에 대한 진솔한 적바림이며 고백이다. 앞으로 부족한 것은 채우고 과한 것은 덜어내면서 잘못된 부분은 과감하게 고쳐 나갈 것을 다짐한다. 이 같은 맥락에서 졸작(拙作)*으로 우수마발(牛溲馬勃) 같을지라도 누군가 관심을 가지고 눈여겨보시며 격려와 용기를 보태주신다면 더 할 수 없는 보람과 영광으로 알고 용기백배할 것이다.

을사초하(乙巳初夏)

김 용 덕 올림.

차례

3부 기억의 숲, 삶의 향기

4부 그 손의 냄새, 길 위의 숨결들

5부 삶의 고갯길에서 피어난 눈빛

1부

미래를 지향하는 청년

_희망

젊은 추진력, 새 시대의 희망

새싹이 돋아나는 봄이면 생명의 경외 앞에 다시금 가슴이 뭉클해진다. 대지의 살결을 비집고 솟아오르는 그 작고도 경이로운 숨결 속에 숭고한 생명력이 꿈틀거린다. 그 안에는 살아 움직이는 생명의 희망과 열정을 비롯해 무한한 가능성을 품은 젊음의 기운이 용솟음치고 있다.

중국의 소설가 노신은 "청년 시절에는 불만이 있어도 비관해서는 안 되며 항상 도전하고 스스로 위로해야 한다. 그리고 만일 가시를 꼭 밟아야 한다면 피하지 말고 밟아야 하지만 밟지 않아도 된다면 함부로 밟지 말아야 한다."라고 했다. 나는 그 말을 가슴 깊이 새기며 청춘을 살아왔다.

이립(而立)의 나이에 열정과 패기가 넘치던 1996년 나는 (사)한국청년지도자연합회 대구북구지회에 가입했다. 젊은 세대와 함께 호흡하며 보낸 시간은 그 무엇과도 바꿀 수 없는 소중한 자산이 되었다. 불과 엊그제 활동을 시작한 듯한데, 벌써 세월이 쏜살같이 지나갔음을 실감하며 문득 누군가 들려주었던 말이 떠오른다. “삶을 계절에 비유하면 25세는 봄, 50세는 여름, 80세는 가을, 100세는 겨울이다.” 그 말의 뜻을 곱씹는다. 당시 회칙에는 만 49세에 전역하게 되어 있었다. 하지만 이후에 만 55세로 개정되면서 나는 26년 동안 이 조직의 일원으로 활동하다가 올해 전역을 앞두고 있다. 긴 세월 동안 수많은 청년과 함께했던 추억들이 파노라마처럼 스쳐 지나간다.

청년들은 변화의 파도에 휘말려 흘러가기만 한 것이 아니었다. 그들은 새로운 지식정보화 사회라는 거대한 물결을 지혜롭게 헤쳐 나갔고 불굴의 개척정신으로 당당히 21세기를 맞이하며 이끌었다. 특히 급격한 변화가 시작된 새로운 세기의 원년 2001년에 나는 대구북구지회 회장으로 취임하며 “젊은 추진력, 새 시대의 희망”이라는 슬로건을 제시했다. 그 책임감 속에서 나는 네 가지 실천 명제를 다짐했다. 멤버십(Membership), 리더십(Leadership), 펠로우십(Fellowship), 그리고 파트너십(Partnership)이 그것이다.

첫째, 멤버십은 회원 제일주의와 회원 증강 운동이다. 조직의 뿌리는 회원에게 있으며 지역사회의 훌륭한 인사들을 영입하는 데 힘써야 한다. 모든 활동은 회원의 뜻에 따라 이뤄져야 한다.

둘째, 리더십은 자기개발을 통한 지도력 향상이다. 한청인은 모두가 지도자로서의 잠재력을 지니고 있으며 이를 위해 끊임없는 훈련과 수련이 필요하다.

셋째, 펠로우십은 진정한 우정을 의미한다. 회원 상호 간에 사랑하고 아끼는 마음을 통해 진정한 상부상조의 정신을 실현해야 한다.

넷째, 파트너십은 관련 단체와의 연대를 통한 사업의 질적 향상을 도모하는 것이다. 뜻을 함께하는 단체나 개인과의 협력을 통해 공익성을 높여야 한다.

코로나19라는 전대미문의 팬데믹은 비대면 사회에 이른바 언택트 시대를 불러왔다. 그 속에서 "나라를 어깨에, 젊음의 겨레"라는 우리의 모토 아래 함께 어깨동무하며 보냈던 시간들이 더욱 그리워진다. 2001년 가을 대구 지역 10개 지회가 모여 축구, 배구, 피구, 달리기 등의 종목으로 체육대회를 열었다. 청년 회원들이 가족과 함께 모여 경기장을 가득 채우면 자연스레 축제의 분위기가 무르익었다. 운동 경기 결과는 회원들의 단합과 지회의 위상을 높이는 계기가 되었고 회장의 리더십이 빛을 발하는 순간이기도 했다.

체육대회 전날 꿈속에서 경기 계획을 짜던 기억이 새롭다.

새벽같이 일어나 도착한 경기장에 이미 다른 지회들은 애드벌룬으로 분위기를 띄우고 있었다. 우리 지회의 준비는 단출했다. 곧바로 애드벌룬 두 개를 구입해 현수막을 달고 캠프의 랜드마크로 띄웠다. 회원들과 가족들의 얼굴에 번지던 웃음은 마치 가을 들판에 흐드러지게 핀 코스모스처럼 감동적으로 다가왔다. 거센 갈바람에도 꺾이지 않고 휘청이던 코스모스처럼 우리 회원들은 넘어졌다가도 다시 일어나며 거센 공격을 이겨내고 마침내 '북구지회 종합우승'이라는 쾌거를 이루었다. 지금도 그 감동은 생생하다.

2001년 당시만 해도 65세 이상 노령인구는 10% 미만이었다. 하지만 2021년엔 17%, 그리고 2025년엔 20%를 넘어 초고령화 사회에 진입하게 되었다. 북구지회에서는 매년 복지관에서 어르신 무료급식 행사를 이어오고 있다. 2001년에는 예식장에서 공연과 급식을 함께 열었다. 외로워 보이던 어르신들의 발걸음은 때로 지팡이에 의지했다. 하지만 그들은 반세기 넘는 세월을 쉼 없이 달려온 우리의 부모였다. 미국의 시인 사무엘 울만은 "청춘이란 인생의 어떤 시기가 아니라, 마음의 상태"라고 했다. 세월은 피할 수 없다. 하지만 마음만은 언제나 청춘이길 소망한다. 이제 온라인 기반의 언택트 시대가 일상화되면서 어른들의 거칠어진 손마저 그리워지는 요즘이다. '노인은 청년의 미래'라는 말이 새삼스레 다가온다.

밀물처럼 밀려와 고인 물이 다시 흘러가는 모습은 다른 시각으로 보면 변곡점이자 또 다른 출발점이다. 한국청년지도자연합회 대구북구지회에서의 수많은 젊음의 이야기들은 새로운 세대를 향해 나아갈 또 다른 시작의 좌표가 될 것이다. '젊은 추진력, 새 시대의 희망'이라는 슬로건은 앞으로의 길에 용기와 겸손 그리고 열정으로 새로운 지평을 여는 기치가 될 것이다. 마치 거센 바람 속에서도 꺾이지 않는 코스모스처럼 말이다.

(사)한국청년지도자연합회 2001년 회장

2021년 04월 09일

젊음을 향해 저어라

장마가 한창이던 어느 여름날 우리는 소백산으로 길을 나섰다. 골이 깊고 비경을 품고 있는 이 산은 무더운 도시 일상 속에서 지친 몸과 마음을 씻어낼 수 있는 쉼의 품이었다. 요즘처럼 날씨조차 제멋대로인 세상에서 우리는 잠시라도 자연 속에서 젊음의 맥박을 되찾고자 했다.

(사)한국청년지도자 북구가족 회원들은 주말 오후에 오랜만의 힐링(healing)을 기대하며 1박 2일 일정으로 소백산 자락인 충북 단양으로 향했다. 마치 답답한 일상 속 쳇바퀴를 벗어난 다람쥐처럼 들뜬 마음이 발끝을 간질였다.

소백산은 충북 단양과 경북 영주 사이에 웅장하게 펼쳐진 명산이다. 최고봉인 비로봉(1,439m)을 중심으로 도솔봉, 연화봉, 국망봉까지 줄지어 있는 산세는 고고하면서도 따뜻한 품을 지녔다. 그중에서도 비로봉 정상의 거센 바람은 전설처럼 강렬하여, '태백산이 키 재기를 하다가 뺨 맞고 물러났다.'라는 이야기가 구전될 정도다. 지난겨울 나 역시 그 바람을 온몸으로 맞으며 소백산의 기질을 인정하지 않을 수 없었던 기억이 떠올랐다.

오후 2시 30분경에 우리는 컨벤션 주차장을 출발해 단양으로 향했다. 단양은 온달과 평강공주의 전설이 깃든 고장이자 단양팔경과 천연동굴, 풍부한 역사와 문화, 휴양지가 어우러진 명승지이다. 사계절의 풍경과 먹거리는 여행자의 발길을 멈추게 한다. 우리는 소백산 기슭 다리안 관광지에 있는 세촌 유스호스텔에 도착해 여장을 풀었다.

그러나 하늘의 표정은 심상치 않았다. 이슬비는 금세 굵은 장대비로 바뀌었고, 기대하던 야외 캠프파이어와 별빛 속 불꽃놀이는 아쉽게도 무산되었다. 대신 우리는 실내에 마련된 프로그램에 몰입했고, 창밖에 낀 안개와 운무는 마치 우리가 알프스 어딘가에 와 있는 듯한 착각을 일으켰다. 고요한 소백산의 밤은 우리 젊음과 열정이 회장님을 중심으로 하나 되어 밤이 깊어질수록 더욱 뜨거워졌다.

다음 날 아침 산기슭에서 맞이한 새벽은 맑고 신선했다. 희미한 여명을 뚫고 스며드는 아침 햇살은 그 자체로 한 편의 시(詩)였다. 간단한 아침 식사 뒤에 우리는 천동계곡을 따라 소백산 등산로로 향했다. 다리안 폭포의 물줄기는 힘차게 쏟아지며 우리의 가슴을 두드렸다. 전날 내린 비로 불어난 계곡물은 소백산의 웅장함을 더욱 실감나게 했고 그 앞에 선 우리는 절로 숙연해졌다.

등산로를 따라서 오르며 짙은 안개와 계곡의 냉기가 가슴 깊이 스며들었다. 한참을 올라 도착한 관리사무소 앞에는 소백산의 식물과 동물들이 전시되어 있었고, 비로봉까지는 아직 6.6km로 약 세 시간의 오르막이 남아 있었다. 그러나 일정 때문에 우리는 아쉽게도 중간쯤에서 발길을 돌려야 했다. 하산길 계곡에 발을 담갔을 때 얼음처럼 차가운 물이 온몸을 감싸며 전날 밤의 숙취마저 말끔히 씻어주었다.

새로운 기분으로 우리는 래프팅 장소로 향했다. 조교 한 명이 "얼마 전 수군에서 몇 명 전사했다."라는 농담으로 긴장을 유도했지만, 우리는 금세 전사의 자세로 돌입했다. 일행은 일곱 척의 배에 나눠어 전투모와 전투복까지 갖추고 한 척은 선두 팀장을 중심으로 마치 이순신 장군의 수군처럼 물살을 향해 출정했다.

풍랑과 급류가 이어지는 강 한복판으로 우리의 전투선은 힘차게 돌진했다. 첫 급류를 무사히 넘기자 몇몇 병사가 물에 빠져 허우적거렸다. 우리는 그들을 구하며 다시 힘껏 노를 저었다. 구해낸 이를 향해 "노를 저어라!"고 외치며 그가 온 힘을 다해 강제노동하는 모습에 우리는 웃음이 터졌고 어디선가 "새벽종이 울렸네, 새 아침이 밝았네"라는 새마을 노래가 흘러나오기도 했다. 그 순간 우리는 자연 속에서 하나의 공동체로 살아 숨 쉬는 젊음으로 다시 태어난 듯했다.

기암절벽을 지나며 온달 동굴이 이곳까지 이어졌다는 이야기를 들었을 때 단양의 깊은 속살이 새삼 가슴에 와닿았다. 푸른 하늘과 흐르는 강물 그 사이에서 우리는 지울 수 없는 추억 한 조각을 가슴에 새겼다. 웃음이 번졌고 이내 그 웃음은 허공에 흩어졌다. 그날의 다짐은 오래도록 남았다.

이 모든 여정을 함께해 준 회원들께 깊이 감사드리며, 오늘의 추억이 모두의 마음속에 길이 간직되기를 소망한다. 동강의 물길을 따라 흐르던 우리의 젊음과 그 도전의 맥박은 앞으로도 멈추지 않을 것이다.

2004년 07월 24일

서리꽃 아래서 피어난 우정

며칠째 꽃샘추위가 기승을 부리더니, 그날 아침 팔공산은 오히려 따뜻한 품처럼 우리를 안아주었습니다. 겨울 끝자락 서늘한 바람 속에서도 동행한 이들의 얼굴엔 설렘이 가득했고 발걸음은 산처럼 묵직하고 단단했습니다. 영남일보 CEO 아카데미 12기 원우회원들과 함께한 이날은 단지 산을 오르는 행위 그 이상이었습니다. 그것은 사람을 오르는 하루였고, 마음을 내려놓는 여정이었습니다.

저 멀리 동봉 정상엔 서리꽃이 하얗게 피어나 있었습니다. 마치 겨울이 가기 전에 마지막 아름다움을 세상에 전하려는 듯 고요한 위엄을 뽐냈습니다. 그 풍경은 마치 순백의 시 한 줄 같았고, 그 앞에 선 우리는 더없이 맑은 눈빛으로 서로를 바라보았습니다.

팔공산 비로봉을 향해 오르는 길, 깔딱고개는 이름처럼 숨이 가쁜 구간이었지만 함께 오르는 이들이 있어 힘겨움은 덜했습니다. 고개를 넘을 때마다 등을 토닥이며 나누는 격려 한 마디 그 따뜻한 말들이 낙엽 위를 걷는 듯 가벼운 위안이 되었습니다.

염불암에 다다르자 세월을 품은 바위가 묵묵히 우리를 맞이했습니다. 바위에 새겨진 마애불과 보살상은 아무 말이 없었지만 오랜 시간의 기도가 그 안에 스며 있는 듯 고요하고 따뜻했습니다.

산에서 내려오는 길은 졸졸 흐르는 냇물 소리와 우리 일행의 웃음소리가 조화롭게 어우러졌습니다. 카메라에 담긴 것은 눈앞의 풍경이 아니라 마음 깊은 곳에서 일렁이는 감정들이었습니다. 이심전심으로 그날 우리는 말없이도 마음을 나누고 있었습니다.

탑골식당에 도착해 허기진 배를 채웠습니다. 통돼지 바비큐는 입에 넣기 무섭게 사라졌고 소주 한잔에선 체면이 아니라 사람 냄새가 났습니다. 그렇게 우리는 잠시 직책을 내려놓고 이름만으로 존재했습니다.

식사 후 이어진 피구와 공차기와 달리기는 어릴 적 운동장에서 뛰놀던 기억을 소환했다. 그 속에서 우리는 다시 아이가 되었습니다. 장난스러운 웃음이 피어나는 가운데 겨울 햇살은 식당 창가로 살며시 스며들었고 창밖에 붉게 익은 열매와 늘 푸른 소나무가 축복처럼 우리를 바라보았습니다.

이 과정을 통해 저는 두 가지 큰 배움을 얻었습니다. 그 하나는 인문학 강의는 비록 당장 경영에 쓰이진 않더라도 조직의 지도자에게 영감과 창의력이라는 보이지 않는 무기를 쥐여준다는 것이다. 또 하나는 마음 맞는 이들을 만난다는 것이 얼마나 큰 축복인지, 이 자리를 통해 알게 되었다는 것입니다.

우리의 발걸음이 향한 길은 어쩌면 5만 년 전, 태초의 바다에서 시작된 생명의 길일지도 모릅니다. 선배들이 닦아놓은 울퉁불퉁한 길 위에, 이제 우리는 꽃을 심고 나무를 심는 마음으로 그 길을 걷고자 합니다.

인간은 자연에서 태어나 자연으로 돌아갑니다. 자연 속에서 몸이 건강해지고, 마음은 맑아지며, 정신은 깊어집니다. 우리의 삶도 팔공산의 산길처럼 정겹고 넉넉하길, 우리 안의 우정도 서리꽃처럼 희고 단단하길, 마음 깊이 기도해 봅니다. 이 하루는 바람처럼 스쳐 갔지만, 서리꽃처럼 오랫동안 우리 가슴에 남을 것입니다.

2015년 11월 29일 팔공산에서

은빛 눈길 위에 나를 만나다

겨울은 자신과 마주하기 좋은 계절이다. 그 차갑고 투명한 공기 속에는 평소 무심히 지나치던 내 안의 소리에 귀 기울이게 하는 힘이 있다. 꽃샘추위가 사납게 몰아쳐도 산을 사랑하는 사람의 마음은 봄기운을 먼저 알아챈다. 아직 얼음이 채 녹지 않은 대지 아래서도 생명의 숨결은 꿈틀대고, 겨우내 움츠렸던 나뭇가지엔 어느새 봄빛이 머문다. 마치 인생의 어느 고비를 지나 새로운 계절을 준비하는 사람처럼 자연은 늘 먼저 움직인다.

어느 결에 생의 중반에 이른 지금 내 삶의 발자취를 돌아보고 싶은 충동이 일었다. 그래서 춘삼월에 진사모 회원들과 함께 찾은 눈 덮인 함백산 산행은 내게 단순한 산행이 아니었다. 해발 1,572미터로서 동해를 굽어보며 사방의 산들이 파노라마처럼 펼쳐지는 그곳은 내면 깊은 곳의 침묵을 깨우는 영혼의 무대였다.

산행을 시작하자마자 싸늘한 공기가 폐 속 깊이 밀려 들어왔다. 숨을 크게 들이마시자 겨우내 눌려 있던 근육과 마음에 신선한 기운이 퍼졌다. 바람은 차가웠지만 정신은 또렷했고 눈발은 거셌지만 가슴은 따스했다.

산에 오르기 전에 우리는 시산제를 지냈다. 겨우내 잠들었던 마음과 육신에 다시 생기를 불어넣는 시작의 의식으로 "진사모의 안전과 화합과 한 해의 복된 여정을 기원하오니 흠향해 주시옵소서."라고 빌면서 모두가 두 손을 모으고 머리를 숙였다. 삶 또한 산행과 같아 때로는 오르고 때로는 내려가며 가끔은 멈춰 서서 자신을 돌아보는 시간이 필요하다.

나무계단을 밟으며 천천히 오르는 길이었다. 발밑의 얼음은 조심스러웠고 등 뒤의 바람은 사나웠지만, 함께한 사람들의 웃음은 그 무엇보다 따뜻했다. 햇살을 받은 눈 결정들이 마치 내 삶의 수많은 선택과 고민의 흔적처럼 반짝였다. 한편 눈 위에 찍힌 발자국은 넘어지고 다시 일어나 걸어온 내 삶의 길처럼 선명했다.

정상에 다다라 마주한 함백산 표석 앞에서 눈앞의 절경보다 마음속의 확신에 더 크게 감동했다. 지금 나는 잘 가고 있는가. 강풍이 몰아치던 그곳에서 바라본 풍경은 장엄하고도 경이로웠다. 멀리 보이는 다른 산봉우리들과 그 아래 펼쳐진 세상은 작고 하찮아 보이면서도 오히려 나의 존재를 더욱 크게 느끼게 했다. 때로는 멀리서 보는 것이 내 삶을 더 뚜렷하게 이해할 수 있게 해준다.

산등성이를 넘고 내려가다 만난 주목과 고사목 군락은 침묵 속에서도 살아있었다. “살아서 천 년, 죽어서 천 년.” 그들은 묵묵히 자리를 지키며 세월의 강을 건너고 있었다. 그 모습이 부럽고도 닮고 싶었다. 뿌리를 잊지 않으면서도 시대를 견뎌낸 존재들이다. 나 또한 지난 세월을 견디며 묵묵히 성장해왔다. 오늘 이 산행을 통해 얻은 작은 깨달음은 앞으로 나아가는 데 커다란 힘이 될 것이다.

점심 무렵에 바람을 피해 둘러앉아 나눈 컵라면 한 그릇씩 먹었다. 라면을 먹으며 오갔던 따뜻한 말들과 조용한 건배는 단순한 허기 채움이 아닌 마음의 온도를 높이는 연대였다. 하산길엔 모두가 엉덩이를 썰매 삼아 미끄러져 내려왔고, 그 흔적은 마치 붕어빵처럼 선명했다. 어쩌면 우리는 그날 육체로는 눈길을, 마음으로는 인생의 길을 내려오고 있었는지도 모른다. 조심스럽게 그러나 웃음을 잃지 않으며 하산했다.

도착지에 다다르니 버스가 기다리고 있었고 봉화휴게소에서 회장님이 준비해 주신 따끈한 삼계탕이 몸과 마음을 훈훈하게 데워주었다. 그 정성 앞에 우리는 더없이 겸손하고 고마웠으며 은빛 산행의 하루를 아름답게 마무리했다.

차가운 겨울 산의 품속에서 내 삶의 깊이를 헤아려본 하루였다. 버스 차창 너머로 지는 햇살에 은빛으로 물든 세상을 바라보며 내 마음 또한 은빛으로 물들었다.

그날의 함백산은 단지 눈 덮인 산이 아니었다. 그것은 내 삶의 방향을 다시 세우고, 나 자신과 대면하게 해준 거울이었다. 산은 말이 없지만 그 속엔 답이 있었다. 오르내림 속에서도 흔들리지 않는 중심. 혼자이지만 함께 걷는 길. 그리고 지금 이 순간에도 은빛 속에서 묵묵히 나를 기다리고 있는 어떤 삶의 진실.

그날의 은빛이 내 안에 오래도록 머물기를 바라며…….

2007년 03월 11일

영남알프스 9봉 완등

산은 또 다른 삶의 공간이다. 산을 즐겨 찾는 이유는 가당찮게 정복하고픈 오만이 때문이 아니다. 누군가가 정상을 정복한 뒤에 찍은 인증사진을 보고 부러워 나섬도 아니며 결코 오르는 산보다 높아지기 위해서도 아니다. 다만 그 높고 웅장한 자연의 품에 안겨 스스로가 얼마나 하찮은 존재인지 깨우치고 겸손해지기 위해 산을 찾는 게 아닐까. '영남일보 CEO 산우회 회장'직의 임기 중 마지막으로 진행하는 '9월 산행'은 영남알프스의 한 자락인 하늘 억새평원인 간월산을 택했다.

하얀 물결에 일렁이는 억새가 펼치는 군무의 장관이 올가을에도 한껏 기대된다. 가을은 산야의 색깔에서 시작된다. 산등성이의 듬성듬성 익어가는 은빛과 울긋불긋한 색깔이 어울려 가을바람에 일렁이는 물결 속으로 빠져들게 마련이다. 바람결에 넘실대는 억새의 향연에 마음은 한없이 설레고 정갈해진다. 산 정상 주변은 키 작은 억새와 이름 모를 야생화들이 어우러져 장관을 펼쳐 경이롭다. 그중에서도 피폐한 환경에서도 잘 자라며 아홉 번 꺾이는 풀로서 중양절(重陽節)인 음력 9월 9일에 꺾는 풀이라는 뜻에서 이름을 따왔다는 구절초가 땀에 젖은 등산복에 향기를 덧칠한다.

등산인들은 정상 표시석에 대해 특별한 의미를 부여한다. 한 장의 사진을 얻기 위해 긴 줄에도 불평 없이 설레는 가슴으로 차례를 기다리기 일쑤이다. 이번 간월산 등반을 계기로 영남알프스 9봉우리를 완등해 봐야겠다는 다짐을 했다. 익어가는 가을바람에 어울려 도전해 보는 것도 커다란 의미가 있지 싶다. 간월산의 정상에서 먼 산봉우리를 둘러보니 구름이 산 절벽 끝에 원을 그리듯 손짓한다. 간월산(1,069m), 가지산(1,241m), 운문산(1,188m), 영축산(1,081m), 신불산(1,159m), 고현산(1,034m), 문복산(1,015m), 천황산

(1,189m), 재약산(1,108m) 등이 영남알프스 9봉을 품고 있다. 이들은 양산시, 경주시, 밀양시, 울주군, 청도군 등의 5개 지역에 걸쳐 병풍처럼 둘러 펼쳐져 아름다운 풍경을 자랑하고 있다. 이들 모두를 마음속 한 컷에 담아본다.

비울 때는 철두철미하게 비워야 한다. 자연에 도전하는 무모한 행위는 어리석은 짓이다. 자연의 순리에 따라 움직여야 한다. 오늘 이 순간이 세상 제일 어리석은 바보처럼 느껴지더라도 부질없는 탐욕을 버리자는 마음으로 등산을 나섰다. 영남의 알프스의 최고 형님 격인 가지산은 처음으로 올라가는 산이라 가슴이 설레었다. 산길에 들어서자마자 가파른 깔딱고갯길을 시작으로 등산로가 호락호락하지 않았다. 숨을 헐떡이며 고개를 들어 하늘을 보니 더 큰 구름은 예술이다. 구름을 가만히 쳐다보니 바람의 방향에 따라 조금씩 움직인다. 구름도 바람도 한 걸음 한 걸음 걸어가는 발자취도 고정된 것이 없다. 올라가는데 집착하면 힘이 들 수밖에 없다고 생각하면서 마음을 비우고 터벅터벅 발길을 옮기며 걷고 걷다 보니 어느결에 험난한 가지산 정상이었다. 가지산 정상에서 영남알프스 9봉우리 조망을 감상할 수 있어 가슴이 벅찼다.

지쳐가는 삶은 힘이 들게 마련이다. 하지만 질곡의 어두움을 스스로 뚫고 헤쳐 나가지 않으면 무력감에 빠져 아무것도 이룰 수 없다. 끊임없이 앞으로 걸어갔을 때만 자존감을 높일 수 있다. 가지산에서 능선으로 이어져 운문산으로 향하는 길은 엿 가락처럼 한없이 늘어진 느낌이었다. 능선을 오르내리는 길이 끝없이 이어지는 기분으로 만만하지만 않았다. 운문산을 코앞에 두고 한참 동안 내리막길을 내려섰다. 지쳐가는 삶도 더 이상 내려갈 데가 없는 경우가 허다하다. 바닥까지 내려왔기에 이제는 오로지 올라갈 길만이 있기에 새로운 도전의 욕망과 삶 희망을 품기 마련이다. 이 같은 심정에서 몸은 지치지만 험난하고 가파른 고갯길을 치고 오르고 또 올라 운문산 정상의 품에 안길 수 있었다.

자연에서 호흡을 느낀다. 사노라면 이따금 가던 일이나 남아 있는 길을 완주해야 한다는 걱정과 자책감에 시달릴 경우가 있다. 그런 갈등을 겪거나 심리적으로 쫓길 때 모든 것을 잊고 그냥 자연의 옷을 걸치고 싶어진다. 이번 산행 역시 그런 맥락에서 나선 길이다. 결코 삶을 포기하거나 현실도피의 퇴행이 아니라 자연의 진리를 터득해 기(氣)를 얻고픈 요량에서 영남알프스 동쪽의 고헌산을 찾았다. 산세가 가파른 능선이 토해내는 심호흡이 자연의 맛보기로는 어느 산보다 결코 뒤지지 않는 곳이다.

전진을 위해서는 쉼이 필요하다. 삶에서 쉬는 것도 하나의 일의 연속이다. 지친 이들에게 바람이나 매미 소리 등 자연의 소리가 들리는지를 물어볼 필요가 있다. 산을 오르는 강도는 산의 높이와 비례한다고 했다. 하지만 영축산은 구불구불하고 새끼줄로 멍석 말아 놓은 임도로 취서산장까지 이어진다. 취서산장에서 부산 다대포와 울산시 앞바다를 조망하고 양산 통도사를 인증하기도 했다. 산장에서 동해를 조망하면서 가파른 비탈길을 한참 동안 오르니 영축산 정상이었다. 진하게 물든 은빛 물결의 억새밭 능선을 오르내리기를 반복하다 보니 신불산 정상에 도착했다. 산봉우리 정상에서 바라보는 영남 알프스 자락의 자태와 공간의 환경은 위치에 따라 다양한 조망의 기쁨을 맛볼 수 있다는 매력이 영남알프스 9봉만의 자랑이기도 하다.

뇌에도 에너지를 충전이 중요하다. 기적은 쉼 이후에 성과를 이루고 몰입도 역시 자연과 어울림 속에서 만들어질 수 있다. 이른 새벽에 자연을 벗 삼아 만복산을 찾았다. 새벽이슬이 거미줄에 걸려 얼굴을 감싸기도 했다. 그럴 경우 가쁘게 오르는 발걸음을 쉬어가라는 뜻이다. 멀리 동해 바다에서는 어둠 속에서 노을을 만들며 검붉게 덧칠하며 떠오른 태양도 거미줄에 걸려들기도 했다. 가파른 호흡으로 안개를 걷어내니 만복산 정상석이 밝은 빛을 반사하며 기다렸다.

자연의 모든 것은 쉼 속에서 변해간다. 내가 아니면 안 된다는 착각에서 벗어나야 한다. 자연은 사계(四季)에 따라 움직이며 형형색색의 다양한 색깔이 있고 생물의 다양성이 존재하기도 한다. 무엇이 쉼인지, 무엇을 비웠는지를 정리하지 못한 채 천황봉을 찾았다. 많은 사람이 인증사진을 찍기 위해 조망이 즐기면서 길게 늘어서 있다. 천황봉에서 알프스 산세의 자태와 조망했다. 지나온 능선과 줄기가 한 폭의 그림같이 아른거린다. 내 삶 역시 돌아보니 인증사진을 찍기 위해 달려오지 않았나 하는 생각이 들었다. 산비탈을 내려서니 억새의 물결이 홍수처럼 흘러내린다. 사람들이 억새 물결 속에서 햇볕 방향에 따라 은빛이나 금빛으로 변하는 매력에 흠뻑 빠져든 모습이 무척 한가하게 투영되었다. 가파른 계단 오르막을 긴 호흡을 내쉬면서 올랐더니 재약산 정상석이 사자평 억새밭 속에 숨어 수줍게 반겼다.

완벽한 사람은 없다. 오늘 하루라도 생각을 내려놓는 멋과 맛을 즐기고 싶었다. 쉴 때는 쉬어봐야 다른 게 보이며, 비울 때는 비워야 새로운 것이 들어오게 마련이 아닐까. 영남알프스 9봉을 완등하면서 사진 갤러리에는 야생의 꽃과 이름 모를 야생식물 사진 등이 수북하게 쌓였다. 자연과 호흡하면서 부질없고 허접한 것을 흘려보내는 여유와 휴식도 필요하다. 이런 맥락에서 이 가을 영남알프스 9봉우리를 감상하면서 대자연 속에 나 자신을 미련 없이 내려놓고 홀가분한 마음의 한가로운 가을 나그네가 되어본다.

영남일보 CEO아카데미 총동산우회장

2022년 10월 09일

2부

자연에서 시작하는 생물 다양성

_탄소 ENG

섬과 바람 그리고 유학생들

_자연을 통해 연결된 민간외교

외국에서 온 유학생들과 울릉도와 독도로 자연보전 운동을 떠나는 여정이다. 참가자는 전국의 각 대학교에 홍보하여 신청을 받아 학교와 국가를 안배하여 선발했으며 올해로 12회째를 맞이하는 행사이다. 그런데 역병인 신종 코로나바이러스 감염증(코로나19) 때문에 진행요원 10여 명을 비롯해 유학생 30여 명의 단출한 인원으로 구성했다. 인종이나 종교와 국적과 문화와 관계없이 울릉도와 독도를 직접 찾아 자연환경 보전에 대해 고민하며 관련 정보를 공유하려는 취지에서 진행하는 행사로서 '생태탐방 수기집'도 발간해오고 있다.

울릉도에 도착해 행사의 일정과 목표를 공유하기 위해 울릉군민회관으로 이동했다. 울릉군수는 환영사에서 "행사에 참여한 유학생 여러분들은 고국에 돌아가서 독도를 가려면 울릉도를 거치지 않고는 갈 수 없다는 사실을 홍보해 주면 고맙겠다."라는 말씀과 아울러 "울릉도와 독도의 청정한 자연경관을 지킬 수 있도록 오랜 세월 자연보전 운동을 펼치며 봉사해온 자연보호 회원들의 노고에 특히 감사드리며 울릉군에서도 이 같은 애정과 성원에 부응하기 위해 자연과 인간이 공존하며 다시 찾고 싶은 친환경 섬을 만들겠다."라는 결의를 천명하기도 했다.

첫째 날 일정은 자연정화 활동을 하며 천연수 봉래폭포 탐방이었다. 울릉군에서 준비한 쓰레기 수거용 비닐 포대를 나누어 가지고 출발했다. 폭포수 산책로에는 바람에 날아와 계곡과 길모퉁이 여기저기에 쓰레기가 흩어져 있었다. 그 쓰레기를 주워 담는 유학생들의 진지한 모습이 매우 인상적이었다. 얼마쯤 그런 시간이 지났을까. 드디어 폭포수가 내리치는 정기를 받아 울울창창 하늘을 향해 늠름하게 도열한 삼나무 숲길을 가로질러 걸었다. 힐링이 따로 있을까. 피톤치드를 흠씬 들이마실 수 있는 삼나무숲 길이 바로 힐링이었다. 해설

사는 "천연폭포수는 울릉도 일부 지역의 상수원으로 활용하고 있다고 알려주는 한편, 아울러 다양한 지질과 식물들이 분포되어 있는 생태계"에 대하여 세세하게 설명해 주었다. 천연폭포에서 내리치는 물줄기가 유학생들의 다양한 얼굴색에 반사되어 무지개 형상을 연출해냈다.

여정의 둘째 날 일정은 울릉도를 일주했다. 시야에 펼쳐질 원시림 풍경의 설렘 속에 나리분지 천연림으로 향했다. 천혜의 비경과 조우하기 위함이다. 해풍(海風)을 안고 안개구름과 약간의 비를 몰고 오는 날씨였다. 이른 새벽 멀리서 바다 냄새가 몰려왔다. 또한 파도에 침식된 기암절벽과 크고 작은 바위들이 코끼리나 사자 따위의 형상을 띄며 동녘에 떠오르는 햇살과 어울려 황홀경을 자랑했다.

일주 도로의 빼어난 해안 풍경과 걸출한 세월의 흔적을 뒤로하고 나리분지로 들어갔다. 이 분지는 울릉도의 유일한 평지로 희귀식물이 많아 세계적인 식물도감 표본이다. 그런가 하면 백두산 천지와 한라산 백록담 같은 화산 분화구이다. 하지만 물이 고이지 않고 사방이 산으로 에워싸인 아늑한 평원은 풍진에 찌든 세상과 격리된 상상 속의 무릉도원을 연상케 했다. 이곳에서 신령수에 이르는 숲길 일대에는 천연기념물로 지정된 울릉국화와 섬백리향 군락지와 용출소와 신령수 등 주변에 생태 관광지가 펼쳐져 있어 명품 숲길이다. 평원을 지나 투막집과 너와집을 보고 특히 약용을 쓰이는 나가목과 특산물인 명이나물과 부지깽이 등에 관심을 가지고 관찰했다.

나리분지에서 성인봉 등산로 구간에 식물 군락지로 형성된 자연생태 탐방로 이어졌다. 이곳을 거닐며 자연보호 활동을 하는 입장에서 생각할 때 천혜의 입지조건인 나리분지에 멸종 위기종인 '금새우란' 등 복원 사업을 진행해 생태공원을 만들었으면 욕심이 들기도 했다.

울릉도와 독도 해양 연구기지가 운영하는 해양생태관을 관람했다. 해양생물 관련 자료와 해저 지질 모형과 오징어와 사라진 바다사자인 강치에 대해 해설사가 설명했다. 설명 중에 독도와 일본인들과 얽힌 악연의 한 단면이다. 그들은 강치라는 고기를 소고기보다 열 배나 더 값어치 있다고 여겨왔단다. 그런 강치를 잡기 위해 한사코 독도에 발을 붙이려 안달했단다. 그래도 결코 독도는 그들에게 곁을 내주지 않고 고결한 모습을 지켜왔다. 일주도로의 비경과 안개구름을 뚫고 달려가 독도박물관을 관람했다. 동행했던 유학생들에게 울릉도와 독도의 역사와 주민들의 지나온 삶의 환경을 자료를 중심으로 살피도록 유도했다. 아울러 독도가 일본과 영토 분쟁의 대상이 아니라 우리나라 영토라는 역사적 근거 자료와 문서로 확인하고 나서 영상 자료도 관람했다.

여정의 셋째 날은 독도 탐방 예정이었다. 아침부터 비가 내려 유람선이 출항할 수 없어 일정을 하루 늦추기로 했다. 그런 뒤에 유학생들은 자유 시간을 갖도록 조치하고 일부 운영 요원들이 이른 새벽 성인봉을 향해 걸음을 재촉했다. 성인봉의 자생 야생화를 보면서 어느 시인의 "자세히 보아야 예쁘다, 오래 보아야 사랑스럽다, 너도 그렇다."라는 시구(詩句)가 문득 떠올랐다. 성인봉이란 한 송이 꽃을 피우고 보전하기 위해 어깨동무하듯 푸른 잎을 서로 맞대고 있는 고사리류들이 줄지어 있었다.

넷째 날 마침내 독도에 배의 접안을 시도했다. 하지만 파도가 심해 입도(入島)는 하지 못하고 배는 독도 주위를 천천히 순행했다. 입도하면 각자 자국의 국기와 태극기를 자랑스럽게 흔들며 "독도! 대한민국 땅!"이라고 외쳐보기로 했었다. 그러나 아쉽게도 뜻을 이루지 못했다. 울릉도에서 아득한 수평선 너머에 자리 잡고 쌍둥이 꽃같이 피어 있는 모양새의 독도이다. 이 섬은 동도(東島)와 서도(西島) 두 쪽으로 갈라져도 불평 없이 거센 비바람에도 장구한 세월을 버텨내며 질곡의 역사에 증인을 자처해왔다. 그들은 모진 세상사를 속으로 켜켜이 쌓으면서 서로에게 격려하며 우리 영해의 최후의 보루로서 소임을 다해오고 있는 듯했다.

외국에서 온 유학생들은 우리의 동해 끝에 외롭게 자리한 두 개의 바위섬인 독도를 보고 무슨 생각을 할까? 어쩌면 외로운 바다에 뜬 허접한 바위섬쯤으로 가벼이 여기지 않을까. 과연 이 섬이 국제적으로 영토 분쟁의 대상이라는 사실을 어렴풋이라도 인지하고 있는지 모르겠다. 한편 독도에 대한 태생적인 맥락에서 학계의 의견이다. "울릉도와 독도는 해산(海山)으로 연결되어 있으며 조면암으로 이루어진 화산암류는 방사성 동위원소의 조성을 분석해 보면 매우 유사하다."라고 한다. 이에 비하여 "일본의 오키섬(隱岐諸島)은 화산 활동과 거의 관계없는 편마암으로 구성되어 있어 지형적으로도 서로 다르다."라는 연구 보고이다.

유학생들에게 독도의 실정을 정확하게 알리는 한편 사람이 접근하기 좋은 환경으로 만들어 생명이 사는 섬으로 만들어 가는 것이 우리가 지향하는 목표이다. 울릉도에서 88km 거리이며 갈매기 소리에 기지개를 켜고 아침을 여는 섬이다. 어느 유학생 연구보고서에 "울릉도와 독도의 환경보전과 경제사회

활동"이라는 내용에 따르면 "각국은 소유재산을 유지해야 하며, 어떤 식으로든지 다른 국가의 고유재산을 침범하지 말아야 한다."라고 적시하고 있다. 또한 "대부분 국가가 경제성장과 더불어 환경보전 및 생태계 유지를 동시에 추진하지 못하지만, 한국은 큰 성공을 거두고 있다."라고 지적하고 있다. 외국인 유학생들이 자국으로 돌아가 독도에 대하여 올바른 민간외교 홍보대사 역할을 해주었으면 하는 바람이 간절하다. 이 섬에 어업 전진기지를 건설하여 어민들이 상주할 방안의 전향적인 정책의 연구가 절실할 뿐 아니라 비경의 울릉도와 실효적 지배하고 있는 우리 영토인 독도가 유학생들의 뇌리에 다시 찾고픈 곳으로 각인된다면 더할 수 없는 보람이련만…….

2020년 11월 22일

자연보호와 생활 속 나무 심기

‘자연보호와 생활 속 나무 심기 운동’의 첫 삽을 떴다. 지난 4월 15일, (사)자연보호중앙연맹과 국제로타리3700지구가 주최하고, 자연보호대구시동구협의회와 대구사군자로타리클럽이 주관하며, 대구시 동구청이 협력하여 대구 동호유적지 공원에서 5개년 계획의 첫걸음을 내디뎠다. 이날 메타세쿼이아 B16 3그루와 B20 2그루를 기념 식수하고, 조경 의자와 기념비를 설치하며 새로운 시작을 기념했다.

돌이켜보면 우리는 지난날 '개발'이라는 미명아래 도심을 비롯한 전국 곳곳의 자연을 무자비하게 훼손하며 자만해왔다. 그러나 자연의 순리를 거스른 개발의 결과로서 크고 작은 재해와 환경 역기능에 직면하면서 자성과 복원의 필요성을 절감하기 시작했다. 이제는 도심 속 자투리 녹지나 공원이라도 제대로 가꾸어 푸르름을 되찾아야 한다는 데 누구도 이의를 제기하지 않는 시대가 되었다.

최근 들어 기후와 환경 변화는 그 폭과 깊이를 위시해 속도면에서 두려움을 느낄 정도로 빠르게 진행되고 있다. 이에 선제적으로 대응하려면 자연과의 공생이 필수적이다. 우리 자연보호중앙연맹은 60만 회원과 함께 '식목일 3월로 앞당기기 운동'을 지속적으로 추진해왔다. 그 결과 정부 당국에서도 식목일 조정 방안을 검토하고 있다는 소식이 들려오고 있다.

한편, 국제로타리도 환경보호를 7대 초점 분야 중 하나로 채택하면서 지속 가능한 봉사 프로젝트로 나무 심기 운동에 동참하고 있다. 대구사군자로타리클럽 또한 이에 공감하여 녹지 공간 확보가 자연과 공존을 위한 필수 조건임을 인식하고 함께 힘을 보태고 있다.

'생활 속 나무 심기 운동'은 단순히 나무를 심는 행위가 아니라 주민의 정서 함양과 생활환경 개선을 위한 문화 운동이다. 이는 민관이 협력하여 도심 속 자투리 공간이나 기존 공원의 일부분을 효과적으로 활용해 나무를 심고, 벤치를 설치하며,

주민들이 주체가 되어 지속적인 관리 체계를 구축하는 방식으로 진행된다. '나의 나무'와 '나의 공간'이라는 주인의식을 고취시키면서 애정을 갖고 가꾸는 자연과의 상생을 지향한다.

이 운동은 새롭게 공원을 조성하는 것이 아니라 이미 존재하는 자투리 녹지나 부실하게 관리되던 공간에 새로운 생명을 불어넣는 활동이다. 지역 주민들이 자발적으로 나무를 심고 그 생애 주기 전반에 걸쳐 책임감 있게 돌봄으로써 도심 환경을 개선하고 삶의 질을 향상시키려는 뜻이 담겼다. 나아가 전국 곳곳의 녹지와 공원들이 울창한 숲으로 재탄생하는 한편 지구촌의 화두인 탄소 중립 실현에도 크게 기여할 것으로 기대된다.

당일 행사에서 자연보호중앙연맹 총재는 다음과 같은 축사를 전했다.

"기후 변화에 선제적으로 대처하기 위해 우리 연맹이 강력히 추진한 '식목일 3월로 당기기 100만인 서명운동'의 결과를 국무총리와 산림청장에게 전달했습니다. 이로 인해 식목일 조정 문제에 대한 국민적 공감대가 형성되고 있으며 앞으로 5년 동안 이 운동을 지속한다면 환경 개선에도 크게 이바지하리라 믿습니다."

로타리3700지구 총재는 축사에서 이렇게 전했다.

"로타리도 환경보호를 지속 가능한 봉사 프로젝트로 도입하며 이번 나무심기 행사를 통해 기후 변화 대응의 첫걸음을 내딛게 되어 매우 자부심을 느낍니다.”

또한 대구시 동구청장은 다음과 같이 밝혔다.

“민관이 협력하여 동호유적지 공원에서 전국적인 본보기로 이번 행사를 개최하게 된 것을 기쁘게 생각합니다. 이곳이 지역 주민의 정서 함양과 지역사회 발전에 기여하면서 나무 심기가 생활 속 문화로 자리 잡는 출발점이 되길 기대합니다.”

이 운동은 단발성 행사가 아니라 회원들이 주 1회씩 방문하여 지속적으로 돌보는 활동으로 이어진다. ‘내 집 앞 텃밭 가꾸기’나 ‘내 이름 나무 가꾸기’와 같은 실천으로 확산된다. 아울러 녹지 공간을 ‘내 공간’으로 인식하고 나무의 한살이를 함께하는 문화 운동으로 정착시킬 계획이다.

비록 이 운동은 대구의 한편에서 시작된 조그마한 움직임이지만 민관 협력을 바탕으로 주춧돌을 놓은 셈이다. 그러나 우리에게는 큰 꿈과 희망이 있다. 전국의 지자체와 민간단체들이 유기적으로 협력하여 이 운동을 전국적으로 확산시킨다면 명실상부한 도시녹화의 랜드마크로 성장하게 될 것이다.

이 프로젝트를 준비하며 떠오른 두 가지 장면이 있다. 하나는 유럽 여행 중 만난 숲에 감싼 듯 평화롭던 도시의 모습이었다. 다른 하나는 아폴로 11호의 닐 암스트롱이 달에 첫발을 내디디며 전한 말이다.

한 인간에게는 작은 한 걸음이지만 인류에게는 위대한 도약이다(That's one small step for a man, one giant leap for mankind).

우리의 나무 심기 운동도 마찬가지다. 작고 조용한 한 걸음이다. 하지만 그 작은 실천이 모여 도심의 녹지를 풍성하게 만들고 우리가 들이마시는 공기를 맑게 정화하는 푸른 폐(肺)로 자리하게 될 날을 꿈꾼다. 이런 희망을 품은 내가 혹시 과대망상 환자는 아닐까 싶을지라도 그 믿음을 멈출 수 없다.

2021년 04월 18일

2050 탄소 중립 생활 속 ESG 운동

자연보호중앙연맹의 "2050 탄소 중립 생활 속 ESG 운동"의 시작을 알렸다. 신축년 5월 13일 산림청 주관으로 우리 연맹을 비롯한 20여 개의 환경 단체 및 복원 단체가 기후 변화 위기에 맞서 탄소 중립의 실현과 산림 복원의 의지를 함께 공유하고자 나무 심기를 했다. 백두대간의 한 자락에 위치한 대관령 하늘목장에서 한반도의 가장 큰 줄기이자 강(江)의 발원지를 기점으로 하여 분비나무, 전나무, 마가목, 병꽃나무 등 600주(株)를 식재하여 '2050 탄소 중립 생활 속 ESG 운동'을 시작했다. 기후 변화의 흐름 속에 세계기상기구(WMO)는 "지금 지구 평균 기온이 19세기 산업혁명 이전보다 1.2℃ 상승했다."라면서 "이는 세계 각국이 2018년 파리 협정에서 합의한 '기온 상승 폭 1.5℃ 이내로 억제'라는 목표에 매우 가까워 경종을 울리는 수준."이라고 밝혔다.

우리 자연보호중앙연맹은 60만 회원들과 기후 변화에 대처하려는 슬로건으로 '식목일 변경 세미나 토론회'를 2016년 한국프레스센터에서 시작했다. 4월 5일 식목일을 3월로 앞당기자는 100만인 서명운동을 2016년 울릉도·독도에서 시작해 2017년 10월에 완료하여 국무총리 및 관계 기관인 산림청장에게 전달했다. 자연보호중앙연맹은 매년 17개 시·도에서 일제히 3월에 식목 행사를 시행하고 국민 공감대 형성을 위해 끊임없는 노력을 해왔다. 그래서 우리의 주장이 메아리가 되어 산림청에서 2021년 3월 22~23일까지 나무 심기와 식목일 변경에 대한 국민 인식 조사를 시행한 결과 기후 변화에 나무 심기가 중요하다는 응답자가 96.6%이었다. 한편 나무 심기 기간을 앞당겨 운영할 필요가 있다는 응답자가 79.2%에 달했다. 게다가 날짜를 3월경 변경해야 한다고 응답한 경우가 56%이었다. 식목일에 찬성하는 이유로는 3월경에 나무를 심는 것이 성장에 적합하고 기온도 충분히 상승했다는 점이었다. 한편 변경에 반대하는 이유는 식목일 날짜의 상징성과 3월의 꽃샘추위 등 이었다. 산림과학원에 따르면 나뭇잎이 돋아나는 시기와 땅속 온도 등을 분석해 나무 심기에 가장 알맞은 기온은 6.5℃ 안팎이라는 귀띔이다. 그래서 정부 당국에서도 식목일을 3월로 당기는 방안을 검토하고 있다고 했다.

기후 변화 위기의 상상력 부재이다. 문학이나 역사와 정치의 영역에서 기후 변화를 생각할 수 없는 것으로 여겨 체계적인 대응 실패라고 한다. 기후 위기에서 상상력이 중요한 것은 인간이 보이는 것만 믿으려는 행태를 갖고 있기 때문이다. 아직 일어나지 않는 기후 변화의 재앙에 대해 심각성을 느끼지 못하는 이유이다. 이제까지는 환경보다 성장에 방점을 두었었다. 이 때문에 특정 이익 집단에 머물러 기후 변화에 대한 대응을 무력화하는데 일조하여 왔다. 하지만 지구도 사람 몸과 같은 평균 온도를 가지고 있다. 2019년 미국의 해양기상청에서는 발표한 자료에 따르면 지구의 평균 온도가 14.85℃이고, 지구의 온도가 1℃ 오르면 어떤 지역에서는 가뭄이 일어나는가 하면 일부 지역에는 홍수가 발생하여 환경 난민 시대가 온다고 지적하고 있다. 과연 그렇다면 희망은 없는가. 본 연맹에서 기후 변화에 대처하기 위한 식목일 변경이 시대의 흐름이라고 인식하고 꾸준히 활동하여 이제는 서서히 밀려가는 봄날에 희망의 꽃망울을 적시고 있다. 환경 단체와 복원 단체 등 민관(民官)이 협력한다면 탄소 배출량을 줄이는 길로 나아가는데 추동력이 된다.

백두대간 한 자락인 대관령에서 자연보호중앙연맹 총재가 했던 축사의 주요 내용 요약이다. "오늘 이 행사는 민관이 협력하고 상생하는 순수한 운동이다. 이러한 운동이 승화되면 우리의 산업은 녹색화되고, 우리 국토를 환경친화적인 구조로 바뀔 것으로 예측된다. 나무 심기 행사가 대관령 건강한 숲에서 시작해서 '2050 탄소 중립 생활 속 ESG 운동'으로 정착하는 시발점이 되고, 녹지를 잘 가꿈으로써 지구 온난화를 방지하고 미세먼지를 줄이고 지구촌의 화두가 된 2050 탄소 중립 운동에도 기여하게 될 것."이라고 전망했다. 또한 산림청장은 "세계는 지금 저비용, 고효율 탄소 흡수 수단인 산림의 역할을 강화하고 있다. 우리 정부도 탄소 중립 실현의 한 축으로서 산림을 활용하겠다는 계획을 발표하여 '2050 탄소 중립 산림 부문 추진 전략'을 수립하여 보전 가치가 높은 산림은 생물 다양성 보전을 최우선 과제로 보호·관리하고, 경제림 중심으로 나무를 벌채하고 재조림해나갈 계획"이라는 얘기였다. 기후 변화의 대처하기 위해 민관이 손잡고 소통하고 화합하는 계기를 만듦으로써 자연과 인간이 공존하는 방향으로 나아가고 있다는 사실은 희망의 조짐이다.

인간은 자연과 공존해야 한다. 최근에 지구촌에 신종 코로나바이러스 감염증(코로나19)으로 인해 기후 환경과 자연에 관심을 보이며 보이지 않게 살며시 손을 내미는 의사 한 분이 속삭이듯 말했다. "매년 전 세계에서 수백 건의 바이러스 후보들이 올라온다. 이런 후보 바이러스 가운데 실제로 확산되어 지구촌의 골칫거리가 되는 경우는 5년에 1건 정도이다. 후보 바이러스 가운데 5년 만에 나타나 초대형 사고를 친다는 의미이다. 2002년 사스, 2010년 조류독감(AI), 2015년 에볼라, 2018년 메르스(중증 호흡기 증후군), 2020년 코로나19이다. 최근 상황을 보면 글로벌 팬데믹(pandemic)의 스피드가 점점 빨라지고 있기 때문에 이제는 자연과 함께 더불어 지내야 한다."라고 하면서 연맹에서 호흡을 같이하기를 원하기도 했다. 인간의 생명을 다루는 직업에 종사하며 식물과 동물도 생명체이므로 코로나19를 접하면서 터득했을 법한 그의 철학에 맥(脈)을 어림해 본다. '나무는 흔들리지 않아 강한 것이 아니라, 서로 어울려서 강한 것이다.'라는 구절을 연상케 했다.

손을 잡지 않고 살아남는 생명은 없다. 찰스 다윈은 "무한 경쟁에서 이기는 길이 막무가내의 약육강식만이 아니라"고 말했다. 이 지구 생태계에서 가장 무게 많이 나가는 생물군인 현화식물(顯花植物)로 꽃을 피우는 식물과 개체수가 가장 많은 생물인 곤충의 성공 비결은 '너 죽고, 나 살자.'는 식의 무차별 경쟁만이 유일한 길이 아니었음을 말한다. 현화식물과 곤충은 서로 돕는 공생 관계를 맺으며 더불어 성공했다. 서로 물어뜯는 게 아니라 손을 마주 잡았기 때문에 성공했다. 백두대간에서의 나무 심기 행사가 민관이 협력하고 자연과 공유하여 21세기는 대립과 경쟁이 아니라 상생과 협력이 화두가 되어야 하지 않을까.

2021년 05월 13일 목요일

왜 식목일을 변경해야 하는가

매년 4월이 되면 어김없이 식목일을 둘러싼 논란이 SNS와 언론을 통해 재현된다. 그 중심에는 "왜 아직도 4월 5일을 식목일로 고집해야 하는가."라는 질문이 자리하고 있다.

식목일은 본래 1911년 일제강점기에 4월 3일로 지정되었다가 광복 후 1946년 미 군정 시기에 4월 5일로 바뀌었다. 그 이후 1949년 대통령령으로 공식화되어 지금까지 이어지고 있다. 식목일은 100년이 넘는 세월 동안 우리 민족의 역사적 기억과 함께해 온 날이지만 지구는 변했다. 우리는 이제 '역사'보다 '지속가능한 미래'를 고민해야 할 때다.

예를 들어 내가 둥지를 틀고 살아가는 대구는 한때 '사과의 고장'이라 불리었다. 그러나 최근 기온 변화로 인해 사과 재배지는 점차 북상하고 있어 이제는 대구가 더 이상 사과를 상징하는 도시가 아니다. 이처럼 기후 변화는 우리가 익숙하던 자연의 질서를 바꾸고 있고 이러한 변화는 식목일에도 새로운 시각을 요구하고 있다.

문제는 여기서 끝나지 않는다. 정부와 지방자치단체는 이미 지역별로 다른 시기에 식목 행사를 진행하고 있다. 행정력 낭비를 우려하는 목소리도 있다. 그러나 오히려 동일한 날에 형식적으로 행사를 진행하는 것이 더 큰 비효율일 수 있다. 실제로 일부 지방정부는 이미 3월 중순에 식목 행사를 마쳤다.

과거 노무현 정부와 이명박 정부에서도 식목일 변경이 검토된 바 있었다. 그러나 '역사적 상징성', '행정력 낭비', '홍보비용 증가' 등의 이유로 추진이 무산되었다. 그러나 오늘날 기후 위기에 대한 국민적 공감대는 과거와는 사뭇 다르다. "식목일을 앞당겨야 한다."라는 주장은 더 이상 소수의 목소리가 아니다.

역사 그러나 그에 함몰되지 말자

4월 5일은 역사적으로도 의미가 깊다. 677년 신라 문무왕이 삼국을 통일한 날이며, 조선 성종 때는 세자와 문무백관이 선농단에서 제사를 지내고 친경한 날로도 기록돼 있다. 이처럼 식목일은 우리 민족의 자긍심과 자연에 대한 존경을 상징하는 날이다.

그러나 역사란 '기억의 저장소'일뿐으로 변화에 저항해서는 안 된다. 전통 제례도 시대에 맞춰 불교, 천주교, 개신교식으로 변화하고 있는 오늘날이다. 식목일 또한 기후 변화에 맞춰 조정되어야 한다. 역사적 사실은 그대로 존중하되 변화하는 자연에 순응해야 한다.

이념이 아니라 과학으로 접근하자

식목일을 단지 형이상학적 관념이나 이념으로 접근해서는 안 된다. "나무는 푸르고 신선하며 꽃은 향기롭고 예쁘다."라는 막연한 인식에 그쳐서는 곤란하다. 식목일 변경은 보수와 진보, 여야의 문제가 아니다. 이는 과학과 환경, 생물학 그리고 국민 모두의 삶의 문제다.

기상청에 따르면 1949년 식목일 지정 당시와 비교할 때 현재 서울은 평균 기온이 3도, 대구는 3.6도, 부산은 2.2도 상승했다. 이는 명백한 기후 변화의 증거다. 산림과학원은 나무 심기에 적절한 지표 온도를 평균 6.5도로 제시하고 있으며 최근 3월 중순이 가장 적합한 시기로 나타나고 있다. 특히 꽃샘추위가 심해 기온 편차가 크다는 점도 고려해야 한다.

나무는 단순한 식물이 아니다. 숲은 물을 저장하고 정화하며 탄소를 흡수하고 대기오염을 줄인다. 또한 산림은 인간의 정서를 안정시키는 귀중한 자산이다. 그러므로 식목일은 국가와 국민이 모두 환경을 성찰하는 진정한 '자연의 날'로 거듭나야 한다.

미래지향적 시각이 필요하다

식목일에 관한 논의는 단지 식물학자와 환경전문가만의 몫이 아니다. 우리는 정치, 경제, 사회, 철학, 문화까지 아우르는 통합적 시각에서 이 문제를 바라봐야 한다.

일부에서는 "더 이상 나무 심을 자리가 없다."라고 주장하지만 현실은 다르다. 우리나라의 임목 축척 양은 선진국의 절반에도 미치지 못한다. 다양한 수종과 연령대의 나무가 어우러지는 건강한 산림 경영이 필요한 시점이다.

최근 통계에 따르면 식목일 이전에 심어진 나무가 전체의 70.8%를 차지하며 이식 활착률도 90%를 넘는다. 이는 식목일이 단순한 기념일이 아니라 실제 행동을 촉진하는 중요한 계기임을 말해준다.

행정력과 홍보비용의 낭비라는 지적도 있다. 그러나 정부부처의 통폐합에 비하면 식목일 변경에 드는 비용은 미미하다. 오히려 지역마다 다른 날 식목 행사를 열어 이중 지출이 발생하는 것이 더 큰 낭비다.

우리 자연보호중앙연맹은 지난 수십 년간 전국 60만 회원의 힘으로 생태 복원, 멸종 위기종 보호, 외래종 퇴치, 탄소 저감 운동 등을 실천해 왔다. 해방 직후 민둥산이었던 우리의 산을 지금의 울창한 숲으로 바꿔놓은 것이 바로 우리의 힘이었다.

자연보호회원 여러분께 드리는 당부

올해 3월에 새로운 집행부가 출범한 이후 우리는 쉼 없이 달려왔다. 4월에 취임식을 하고 5월에 대전에서 세미나, 오늘의 식목일 변경 세미나까지 이어져 왔다. 이제는 '글로벌 시대'에 맞는 식목일의 방향을 고민할 때다.

옛날 구공탄 시절에 맏며느리는 단 몇 시간 연탄불이 꺼져도 시어머니께 꾸지람을 들어야 했다. 연탄불처럼 우리 연맹의 불씨도 꺼지지 않도록 여러분의 성원과 격려 그리고 따끔한 질책도 아끼지 말아 주시기를 바란다.

이제 우리는 다시 초심으로 돌아가야 한다. "이 땅을 더 아름답고 쓸모 있는 낙원으로 만들어 후손에게 물려주자."라는 자연보호헌장의 정신을 가슴 깊이 새기며 식목일 변경 논의에 앞장서야 할 때다.

다가올 미래를 위해 그리고 이 땅의 숲을 위해 우리는 오늘 이 자리에 모였다. 식목일을 바꾸는 것은 단지 날짜를 바꾸는 것이 아니다. 이는 자연에 순응하고 미래를 준비하는 지혜로운 첫걸음이 될 것이다.

기후변화 대처를 위한
식목일 변경 세미나 및 토론회
한국프레스센터 20층 프레스 클럽
2016년 05월 24일

식목일 날짜 변경의 필요성에 대한 고찰

I. 서론

식목일은 4월 5일이다. 과거에는 공휴일이었으나 2006년 이후 제외되며 점차 대중의 관심에서 멀어지고 있다. 하지만 매년 봄이 되면 전국 지자체가 나무 심기 행사를 진행하고 있다. 그런데 실제로 나무를 심는 시기는 제주 2월 중순, 남부 3월 초~중순, 서울 3월 말로 앞당겨졌다. 이에 따라 4월 5일 식목일의 실효성에 대한 문제 제기가 이어지고 있다.

현행 날짜를 유지하자는 입장은 행정 효율성과 국민 인식의 정착을 근거로 한다. 그러나 기후 변화와 산림 생태계의 변화를 감안할 때 식목일을 앞당길 필요성이 점차 커지고 있다. 본고는 기후적, 경제적, 사회문화적 이유에서 식목일 날짜 변경의 당위성을 제시하고자 한다.

II-1. 식목일을 앞당겨야 하는 환경적 이유

1. 기온 상승과 생태계 변화

기상청에 따르면 4월 5일의 평균 기온은 서울 3.0℃, 대구 3.6℃ 등으로 지난 30년간 뚜렷한 상승세를 보였다. 이는 나무 심기 적정 시기를 앞당길 뿐 아니라 실제 발아 시기 및 식재 성공률에도 영향을 준다. 서울을 기준으로 할 때 과거와 같은 온도를 보이는 날짜는 현재 3월 28일로 앞당겨진 상태이다.

산림과학원은 나무 심기에 적정한 지표 온도를 '6.5℃'로 제시하고 있다. 그런데 실제 식목일 평균은 '10~12℃'로 다소 높은 편이다. 기온이 1℃ 오르면 나무의 발아 시기가 약 5~7일 앞당겨지므로 시기 조정은 현실적 필요하다.

2. 기후 위기에 대응한 정책 필요성

IPCC는 기후 변화의 속도가 과거 대비 100배 이상이라고 분석했다. 이는 생물 다양성 상실, 조림 실패, 병해충 증가 등으로 이어지며 산림 생태계 전체에 심각한 영향을 준다. 평균 기온 1.5~2.5℃ 상승 시에 동식물 20~30%가 멸종 위기에 처할 수 있다. 이러한 배경에서 식목일 앞당기기는 단순한 날짜 문제가 아닌 국가 생태 전략과 연결된다.

Ⅱ-2. 식목의 경제적 가치와 정책 효과

1. 나무 심기의 경제적 효익

산림청 자료에 따르면 산림의 공익적 기능은 1987년 17조 원에서 2005년 66조 원으로 약 4배 성장했다. 아울러 임산물 생산액은 2008년 기준 4조 원 이상이다. 산림은 수자원 보전, 대기 정화, 탄소 흡수 등 다면적 이익을 제공한다. 이는 국내 총생산액의 8%에 해당하며 국민 1인당 연간 약 136만 원의 혜택이 발생한다. 한 그루의 나무는 50년간 약 3,400만 원의 산소를 생산하고, 약 3,900만 원의 물을 재생하며, 6,700만 원에 해당하는 대기오염물질을 제거한다는 보고서도 있다.

2. 산림치유와 정책적 파급력

백두대간 산림치유 단지 등 산림 기반 치유·복지 정책은 새로운 일자리와 부가가치를 창출한다. 2010~2017년 기준으로 6,831개의 일자리와 6,154억 원의 생산 유발효과가 나타났다. 이는 총 투자금의 2.2배에 해당한다.

이처럼 조기 식목일 지정은 식재 성공률 제고, 정책 집중도 강화, 산림산업 성장의 촉매제가 될 수 있다.

Ⅱ-3. 현재 산림 정책의 과제

우리나라 산림은 국토의 64%를 차지하나, 임목 축적은 ha당 103m^3 수준으로 선진국에 비해 낮다. 또한 30년 미만의 어린 나무 비중이 59%로서 지속적 관리와 수종 갱신이 필수이다.

기후 변화로 인한 대형 산불, 집중호우, 병해충의 위험성이 높아진 상황이다. 그러므로 식목일은 단순한 기념일이 아닌 산림 복원과 유지 관리의 전환점으로 기능해야 한다.

Ⅱ-4. 식목일의 사회적 상징성과 재조명

1. 역사적 유래와 상징성

4월 5일은 문무왕의 삼국통일 달성과 조선 성종의 친경일 등 역사적 의미가 있다. 일제강점기에는 4월 3일, 광복 후에는 4월 5일로 조정되었다. 순종 황제의 친식 행위도 유래로 연결된다.

이처럼 식목일은 단순한 조림 일이 아니라 민족의 농업적 전통과 국가 상징성이 결합된 날이다.

2. 변화하는 사회적 기능

산림청은 식목일 변경에 따른 행정력 낭비와 국민 혼란을 우려한다. 하지만 최근 3년간 식목일 이후 나무의 평균 활착률이 90.8%에 이른다고 강조한다. 하지만 이는 오히려 나무 심기 시점이 달라졌음을 반증한다.

식목일은 교육적, 환경적, 공동체적 역할을 함께 수행하는 제도이다. 현대사회에 맞는 날짜 조정은 그 가치를 훼손하기보다 진화된 실천으로 해석되어야 한다.

Ⅲ. 결론 및 제언

식목일은 단순한 날짜 문제가 아닌 지속 가능한 국토 생태 관리의 상징이자 수단이다. 온난화에 따른 식재 시기의 변화, 산림의 경제적 가치 확대, 도심 녹지와 수종 갱신 등 다양한 측면에서 식목일의 기능은 재정의되어야 한다.

1. 도시 중심의 나무 심기 확대

학교, 공공기관, 아파트 단지의 자투리 공간을 활용해 시민 참여형 나무 심기 문화 조성이 필요하다.

2. 수종 갱신 통한 지속 가능한 산림 경영

단일 수종과 동일 수령 중심의 숲은 산림재해에 취약하다. 세대교체형 복합조림 전략이 필요하다.

3. 국제적 기후정책과의 연계

교토의정서, 탄소 중립 등 글로벌 흐름에 맞춰 산림이 국가 경제와 기후 대응의 핵심 자원이 될 수 있도록 정책 전환이 요구된다.

기후변화 대처를 위한 식목일 변경 세미나 및 토론회

한국프레스센터 20층 프레스 클럽

2016년 05월 24일

Ⅳ. 참고문헌

기상청(2009), "지구 온난화에 따른 식목일 기온변화"

윤영균(2010), "제65회 식목일 참고자료", 산림청

정슬기(2016), "지구 온난화에 이른 더위 … 식목일 앞당기나", 매일경제

조택희 외(2014), "산림치유의 숲 조성 및 운영사업의 경제적 파급효과", 한국임학회지

임태우(2016), "식목일에 심은 나무는 죽는다?", SBS

안현모(2016), "식목일 앞당기기 주장…생각해야 할 것들", SBS

전통마을 숲

봄꽃들이 길가에 늘어선 한적한 시골길을 걸었다. 며칠 전까지 따스했는데 제법 세찬 바람이 마구 파고들어 내심 깜짝 놀랐다. 얼른 속주머니에 넣어 두었던 마스크를 꺼내 썼다. 뜻하지 않게 어릴 적에 뛰놀던 고향 마을을 찾아갔다. 이른 아침 마을 앞 개천의 물웅덩이에는 나무 그림자가 어른거렸다. 바람에 흔들거리는 가지들이 물결 위에서라도 서로 잡아보려고 안간힘을 쓰는 형상으로 흔들려 손을 뻗치고 움직이는 것 같았다.

마을 앞을 가로질러 흘러내리는 개천은 비학산 정기 받아 사시사철 마르지 않고 줄기차게 흐르고 있다. 어릴 적에 멱을 감던 여기저기 물웅덩이는 더위를 일거에 식혀주던 안식처이기도 했다. 또한 삶에서 겪어야 했던 풍진이나 지친 몸과 마음을 깨끗이 씻어주기는 정화소(淨化所)이기도 했다. 개천 옆을 지나 높은 둔덕에는 수령을 정확히 어림할 수는 없으나 거대한 노송과 활엽수가 마을을 에워싸고 수호수(守護樹) 역할을 하고 있다.

높은 둔덕에 수목들은 마을을 보호하는 바람막이 역할을 하는 '방풍림'이다. 바람은 막아내면 다음에 와류현상(渦流現象)이 생성돼서 더 큰 영향을 주기도 한다. 그래서 방풍림은 바람을 갈무리하며 늦춰서 천천히 빠져나가게 하고 겨울에도 틈 사이로 바람이 서서히 지나가도록 해서 마을이 따뜻하게 하는 역할을 한다. 풍수지리적으로 나쁜 기운과 바람을 막기 위한 비보책(裨補策)으로 나무를 조성했던 것이다. 이는 결국 조상들이 바람과 기후의 성질을 꿰뚫고 시행했던 지혜로움으로 절로 고개가 숙어진다.

바람에 수런거리는 나무들이 고목이라서 그런지 여기저기에 듬성듬성 뿌리를 드러내고 있었다. 어릴 적의 기억이 아련히 떠올랐다. 마을 앞을 둘러싸고 있는 숲에는 참나무 소나무 등이 동네 아이 두 명이 팔을 벌려야 아름 속에 들어오곤 했다. 마을 사람들은 여름이면 뜨거운 태양을 피하기 위해 큰 나무 그늘 곁에 옹기종기 모여들어 더위를 피하기도 했다. 그 당시 손바닥 크기의 라디오는 음향 주파수가 고르지 않는 음악 소리와 나무를 부여안고 몸부림치는 매미의 울음소리가 창망하게 피어오르는 벼 이삭에 물결의 리듬을 사뿐히 내려주기도 했다. 나른한 오후에는 전원적인 농촌의 풍경에 어울려 동네 아이들은 참나무에 나오는 진을 먹기 위해 여름이면 찾아오는 사슴벌레와 장수풍뎅이를 잡기도 했다. 사슴벌레는 아이들이 접근하면 잽 싸게 참나무 구멍으로 들어가곤 했다. 아이들은 나무막대기로 구멍 속으로 넣어보기도 하지만 궁여지책(窮餘之策)[1]으로 누군가 손가락으로 구멍 속에 넣어 살아있는 생물인 양 움직이면 사슴벌레는 집게로 손가락을 물면 잡아내기도 했다. 참나무에는 아이들의 간절한 혈서와 혼으로 덮어져 마을의 안녕을 지켜주기도 했을 것이다. 또한 장마철이나 태풍이 올 때면 나무 한두 가지가 우지직 소리를 내며 찌어져 넘어지기도 했으며 마을을 보호하기 위해 자기의 가지를 내주기도 했다.

해마다 새해를 맞고 정월 대보름이면 동민(洞民)들이 십시일반으로 추렴하여 제수를 장만해 숲에서 가장 오래된 고목 앞에서 공동으로 동제(洞祭)를 지내며 동민의 안녕과 풍년

---

1) 궁여지책(窮餘之策) : 매우 궁한 나머지 내는 꾀

을 기원하기도 했다. 동제 대상이 된 노거수는 단순히 노령의 나무가 아니라 경배의 대상이다. 이처럼 마을 숲은 제를 모시는 성스러운 장소가 되는가 하면 함께 모여 놀이를 하거나 회의장을 비롯해 여름엔 더할 수 없이 좋은 공간이 되기도 했었다. 다시 말하면 숲은 마을을 보호하기 위한 비보책이며 모두의 안녕과 풍년을 기원하는 등 다목적 역할을 하는 곳이었다. 결국 마을 숲은 꿈을 꾸며 살아가는 안식처이며 민간신앙이나 샤머니즘(shamanism)적 요소가 융합된 사상의 영향으로 경배의 대상이기도 했다. 이런 이유로 성스럽게 여겨왔기 때문에 그곳의 나무 하나라도 함부로 베었을 때 동티가 나거나 액운이 따른다는 생각에서 민간신앙의 대상으로 더욱 굳건히 잡았다. 특히 동제를 모시는 노거수는 동민들의 정신적인 의지의 대상인 것이다. 제사를 지내고 나면 소제를 올리는데 이는 모든 동민의 건강을 기원하고 안녕을 비손하는 치성(致誠)을 드리는 의식이다.

토속 신앙과 풍수와 유교 사상 등이 뒤섞인 우리의 전통문화가 녹아있는 마을 숲은 가장 오랜 전통을 지닌 인공림이다. 그런 마을 숲이 최근 급격한 도시화와 관리 부실로 대부분 사라져버렸다. 마을의 부족한 지형을 보완하는 비보(裨補)의 철학이 담겨있고 외부로부터 유입되는 다양한 액운으로부터 마을을 보호해 주던 마을 숲이다. 단순한 인공림 같아 보이지만 여기에는 조상들의 지혜와 철학이 담겨있는데, 최근 다양한 실험 통해 연구 분석과 결과 과학적인 효과가 있다는 사실이 밝혀지기도 했다. 언뜻 보면 아무런 의미가 없어 보일지라도 자세히 살펴보면 마을을 안락하게 감싸면서, 지형의 부족한 부분을 보충하는 비보의 역할을 하고 있다. 또한 안전한 마을을 조성하기 위한 조상들의 지혜가 녹아있을 뿐 아니라 마을의 든든한 방패막이 역할을 옹골지게 해왔다. 마을 숲의 이런 이면에는 자연과 사람이 조화로운 상생을 꿈꾸며 가꿔져 장구한 세월 동안 마을 지킴이와 파수꾼으로서 역할을 해왔다.

역사적으로 볼 때 '사람이 나무를 심어 숲을 만들었다.'는 조림 기록이 역사서에 나와 있다. 삼국사기에 의하면 그런 기록이 나온다고 하며 고려를 비롯해서 조선 중기와 후기로 가면서 각 고을의 작은 마을들에 점차적으로 마을 숲이 확산되어 갔다는 전언이다. 이렇게 조성되어 지켜온 마을 숲은 우리의 전통문화 향기가 고스란히 남아 있는 소중한 문화유산이다. 그런데 급속히 추진된 개발정책을 펼치는 과정에서 상당 부분이 사라지고 현재는 전국에 1,300여 개가 남아 있다. 하지만 그 옛날 많은 마을 숲이 만들어진 이유는 무엇이며, 어떤 역할을 해왔고, 어떤 보존의 의미가 있어 오랜 세월 동안 없어지면 안 되는 존재로 여겨왔을까? 아마도 심리적인 안정과 상징적, 문화적, 역사적인 의미 같은 것들이 동민들의 정신 속에 깊이 잠재되어 있어 운명 공동체로 인식해왔던 것으로 유추된다.

풍수 사상은 자연과 조화를 이루며 살아가려는 동양사상이며 전통적인 문화유산이다. 전통 숲에는 수구막이[2], 방풍림[3], 방사림[4], 방조 어부림[5] 등 다양한 형태가 있다. 그 기능적인 관점에서 전란의 보호를 위시해서 화재, 하천 범람 및 홍수, 전염병 따위의 방지 기능, 추위와 더위로부터 보호, 온도와 습도를 조절 등을 열거할 수 있다. 토착 신앙이나 유교적인 요소가 융합된 사상이 지배하던 우리의 경우는 여기에 풍수 사상 또한 적지 않게 작용했다고 생각된다.

마을 숲은 인간과 자연이 공생하는 현장이다. 숲이 위치하는 것은 강이나 하천 호수 생태적 생물 다양성이 연결되기 때문이다. 이는 천혜의 자연을 연결하고 새나 나비 등 물고기가 어우러지며 다양한 형태를 이룬다. 마을 숲은 식생의 역사를 알려주는 굉장히 중요한 존재이다. 21세기인 지금 친환경은 지구촌 전체의 화두가 되었다. 그 방법에 구체적이고 신성한 가르침이 마을 공동체가 살아있는 마을에서 비롯된다. 소득 증대와 전통문화가 살아있는 마을은 도시와 공생해야 한다.

---

2) 수구막이 : 산줄기로 감싸고 있는 마을 앞쪽이 허전하게 트여 마을이 노출될 때 이것을 막기 위해 조성한 숲.

3) 방풍림(防風林) : 강한 바람을 막으려고 가꾼 숲

4) 방사림(防沙林) : 산이나 바닷가에서, 비에 씻기거나 바람에 날리는 모래를 막기 위하여 가꾼 숲

5) 방조 어부림(防潮魚付林) : 바닷물의 침범을 막고 물고기 떼를 끌어들이기 위하여 간만의 차가 적은 바닷가, 강가, 호숫가 등지에 나무를 심어 이룬 숲.

동민들의 마을 공동체가 하나 되어 어울리는데 최적의 장소가 생명이 살아 숨 쉬는 경관을 갖춘 장소가 마을 숲이다. 놀이와 휴양이 가능해 어린이, 젊은이, 장년, 노인 모두가 그 안에서 휴식을 취하거나 그네를 타는 등의 다양한 행위가 이루어지는 다목적 공간이기도 하다. 그렇기에 마을 숲은 오늘날 도시공원에 해당하는 한국적 정원형 공간인 것이다.

국토 경관을 복원하는데 상당히 중요한 요소가 마을 숲이다. 이는 생물 다양성도 높이고, 동식물과 더불어 살아가는 국토로서의 의미를 생각할 수 있으며, 거기에 담겨있던 요소들만이라도 제대로 살려내 국토 가꾸기에 원용한다면 우리나라의 경관은 한층 더 아름다워질 것이다. 마을 숲은 급변하는 환경에 대처하는 하나의 열쇠가 될 수 있다. 천년이 넘도록 묵묵히 제 자리를 지키며 인간과 자연을 품어온 마을 숲이다. 우리는 과연 어떠한 모습으로 후손들에게 이를 물려줄 수 있을까? 지금도 마을 숲은 묵묵히 그 자리를 지키며 우리에게 그 답을 제시하고 있다.

수백 년 아니 수천 년을 지켜갈지 모르는 나무들에게 다가가 안아보고 또한 기대고 싶지만, 발 묶인 나무들을 위하여 어둠은 밤마다 일깨우고 하늘은 바람을 풀어놓고 있기에…….

경상북도 포항시 신광면 상읍리

2024년 04월 27일 토요일

생태계 서비스 가치평가

전국 (사)자연보호 중앙연맹에서 주관하는 '생태계 서비스 가치 평가 세미나'를 개최하기 위한 1박 2일 일정이다. 이번에는 생태계 서비스 중에 '마을 숲'에 대해 평가하는 프로젝트이다. 전국의 1300여 개의 숲 중 170여 개 이상의 샘플을 선정하여 평가서를 작성하는 것으로 전국의 100여만 명을 대표하여 자연보호중앙연맹 시와 도의 임원과 회원 100여 명이 참가하여 세미나를 개최했다. 도심에서 벗어나서 역사와 자연이 어우러진 대구의 팔공산 자락에서 진행했다. 이곳은 2023년도에 23번째 국립공원으로 선정되어 자연보호

운동을 하는 우리에게는 더한층 의미가 있는 지역이다. 또한 도심에 인접한 변두리에서 여유로움을 즐기며 자연의 경이로움을 동시에 만끽할 수 있는 환경이기도 하다.

전국에 산재한 '전통마을 숲'들이 생태·문화적 다양한 기능을 지니고 있음에도 불구하고 그 존재에 대한 인식이 미흡한 현실에서 필요성과 그 역할 제고 방안 모색이 절실하다. 그런데 우리 주위에서 가장 오랜 전통을 지닌 인공림과 '전통마을 숲'은 산업화 도시화로 훼손되고 잊힌 존재로 전락했다. 하지만 녹지로서 생태적, 문화적으로 유익하고 다양한 기능을 지녔음에도 오늘날 그러한 가치를 제대로 인식하지 못해 도외시 당하고 있다. 이러한 생태계 서비스를 전국의 자연보호 회원 즉 시민과학자가 평가함으로써 그 효과를 객관적으로 평가하려는 시도이다. 이를 통해 얻은 객관적인 자료를 바탕으로 '전통마을 숲'을 유지하고 발전시켜 나갈 방안을 모색하기 위한 첫 출발이다. 이런 이유에서 생각할 때 경향 각지에서 식물에 대한 계절별 데이터를 수집해 줄 시민과학자들의 활동이 본 연구의 결정적인 기여를 한다. 이를 통해 식물에 관한 계절별 연구에 있어서 시민과학자의 역할과 역량을 생각해 보려고 한다.

우리 자연보호중앙연맹은 1977년 발족 이후 올해로 46년 동안 자연보호 활동을 해왔다. 우리 인간이 자연에게 어떤 도움과 혜택을 줄 수 있을까를 고심하는 한편 훼손을 시키지 않도록 보호, 보존, 보전 운동을 펼쳤다. 그 같은 철학에 따라 때로는 쓰레기도 줍고, 꽃과 나무도 심는가 하면 공원도 가꾸며 푸른 산을 만들기 위해서 각고의 노력을 해왔다. 생태계 서비스(ecosystem services)의 정의는 '자연이 우리에게 어떤 혜택을 주는 것인가에 대한 의미'를 제대로 규정한 셈이다. 자연은 우리의 생존과 더욱 나은 삶을 위해 필요한 식량, 물질, 에너지 등과 같은 자원의 제공과 함께 홍수, 폭풍우 같은 자연재해로부터 보호해 준다. 아울러 대기(大氣)나 수질의 악화를 막아주는 역할을 한다.

이 외에도 생태계가 인간에게 제공하는 혜택 또는 편익(benefits)이 삶의 질에 직접 혹은 간접적으로 기여하는 것들 역시 '생태계 서비스'라고 한다. 우리의 일상생활에 필요한 음식이나 옷을 비롯하여 주거 등은 모두 자연이 제공하는 선물이다. 이러한 자연의 선물 즉 생태계 서비스는 우리 삶의 질을 유지하기 위해 필수적이다. 그동안 우리 주변에 가꾸며 활동해온 도시의 담벼락의 넝쿨 식물이나 가로수를 위시해서 공원 등을 통해서 우리가 어떤 혜택을 받아왔는지를 생각해볼 필요가 있다.

생태계 서비스는 다음과 같이 4가지 유형으로 나뉜다. 첫째로 우리 인간에게 식량, 담수, 목재, 의약 자원 등 유형적 생산물의 공급 서비스이다. 둘째로 대기질(大氣質) 조절, 수질(水質) 조절, 기후 조절, 침식방지, 수분(poiiination) 등 조절 서비스이다. 셋째로 휴양과 관광, 교육적 가치, 영적 가치, 예술적 영감 등 문화 서비스이다. 넷째로 생물적 서식지 조성, 토양 형성, 물질 순환 등 지지 서비스가 있다.

한편, 이번 사업에는 '전통마을 숲'에 대한 평가를 하는데 여기에는 수구막이 숲, 방사림, 방풍림, 방조 어부림 등 포함되어 있다. 전통마을 숲에 대한 공급 서비스, 조절 서비스, 문화 서비스, 지지 서비스 4가지 범주를 활용하여 시민과학자가 평가지(評價紙)를 작성한다. 그에 따른 지역 발전에 대한 설문지 문항을 작성하여 자료를 수집하여 통계분석한다.

첫 번째 일정으로는 국립생태원의 연구원이 생태계 서비스 개념과 시민참여 평가와 절차 그리고 평가지 작성 방법에 대한 특강이 있었다. 그중 시민참여 평가를 하는 이유로는 자연의 가치는 인간이 자연에 닿아야 나타나는 혜택이다. 그러므로 지역 주민이 생활하면서 직접 자연을 느낄 때 비로소 그 가치가 나타난다. 개럿 하딘(Hardin, G. J. : 1915~2003)은 '공유지의 비극(The Tragedy of the Commons)'에서 주인이 없는 자연 자원은 쉽게 훼손되는 특징이 있다고 했다. 그러나 노벨경제학상 수상자인 엘리너 오스트롬(Elionr ostrom) 교수는 '지역공동체를 통해 이를 극복할 수 있다.'라고 주장했다. 하지만 '지역의 자연을 가장 잘 아는 사람은 전문가 아니라, 그 지역에서 오랫동안 살면서 사계절을 지켜보고 변해가는 자연을 관찰했던 주인이 바로 전국의 자연보호 회원'이라고 연구원은 일갈했다.

두 번째 일정은 팔공산 자락의 군위군 부계면 대율리 한밤마을에 자리한 '전통마을 숲' 현지 탐방이었다. 숲 해설사가 마을 유래를 소개했다. 한밤마을은 950년쯤 부림 홍 씨의 입향조(入鄕祖) 홍란이라는 선비가 이주해 오면서 마을 이름을 '대야(大夜)'라고 불렀다고 한다. 그 후 1390년쯤 홍 씨의 14대손 홍로가 '밤야(夜)' 자가 좋지 않다는 이유로 '대율(大栗)'로 고쳐 부르기 시작했단다. 그런데 이를 순우리말 '한밤'으로 사용하면서 현재와 같이 한밤마을로 불리고 있다는 설명이었다.

또한 1930년대 경오년 일제강점기 시대에 연일 계속되는 비로 팔공산 북쪽 지역 산 능선에 희뿌연 안개가 덮여 있었다. 그때 갑자기 산이 용솟음치더니 호박이 쩍 갈라지듯이 벌어지면서 순식간에 바위와 흙더미가 내려와 조용한 마을을 휩쓸고 지나갔다. 그래도 큰 소나무 숲 아래에 자리했던 집은 다행히 큰 피해를 보지 않았다고 한다. 하지만 다른 마을 사람들은 그 참혹한 자연재해로 막대한 피해를 당하는 참극(慘劇)을 겪었다. 심지어는 일가족이 몰사당하는 비극을 당하기도 했었단다. 그 후 이 마을에서는 매년 음력 6월 18일엔 마을 공동으로 마을 숲에서 제사를 지내 왔다고 한다. 한편 새로 집을 짓거나 농토를 개간하면서 나오는 수많은 돌을 적당하게 치울 마땅한 방법이 없었단다. 그래서 생각해낸 방안이 각자의 땅의 경계를 짓는 방편으로 돌담을 쌓기 시작했다는 얘기였다.

그렇게 축조되었다는 돌담은 자연스럽고 투박했다. 검은 현무암으로 쌓은 제주도 돌담과 사뭇 느낌이 달랐다. 한밤마을의 돌담은 화강암으로 녹록지 않은 삶의 역사를 고스란히 간직한 듯한 푸른 이끼가 지난 왔던 세월을 웅변하는 징표 같았다. 담쟁이넝쿨이 친친 휘감고 있어 오랜 세월 세찬 비와 바람이 몰아쳐도 한결같은 자태를 지켜왔을까. 마을 숲을 둘러싸고 있는 돌담들은 경계를 구분하는 기초라기보다 따스한 봄날 잔잔히 피어오르는 아지랑이 같았다. 소나무 숲은 어둠 속 빛이 되어 옛이야기가 아로새겨져 있어 마을의 역사를 속삭이는 듯했다.

지속 가능한 생태계 서비스 마을 숲을 평가하면서 지역사회 역사적 사실과 구전으로 전해오는 마을 유래를 기록으로 남기면 중요한 자료를 수집이 되리라. 또한 시민과학자가 참여하여 지역 고유한 자연자산을 발굴하고 평가한다면 지역의 중요한 자연 자원들을 체계적으로 관리 가능할 것으로 사료된다. 이는 시민 의견이 반영되는 국가 생물 다양성 전략, 자연환경보전 기본계획, 지속 가능한 발전 기본계획, 지역 환경정책과 계획을 생태계 서비스 개념을 수립하는데 활용할 수 있다.

생태계 서비스 가치 평가 사업을 통해서 주변의 무수한 생태 상황 모두가 관심을 가질 때 비로소 그 가치를 인정받을 수 있다. 그동안 주변과 지역에 아름다운 경치 즉 자연의 가치에 대해서는 별생각 없이 지내 왔었다. 하지만 앞으로 생태계 서비스 가치 활동을 통해서 자연의 가치에 대해서 다시 생각하고 소중함을 인식할 필요가 있다. 이러한 맥락에서 자연보호 활동과 미래세대를 위해 장기적인 관점에서 함께 대비하는 계기가 되기가 되었으면 하는 바람이다.

2024년 07월 21일

소나무의 아픔과 생명의 다양성

누군가는 3월이면 새싹이 돋아나는 거리를 걷고 싶어 하고, 또 누군가는 따스하고 꽃피는 길 위에서 봄을 만끽하고파 한다. 하지만 요즘은 이상기후로 인해 꽃샘추위가 불쑥 찾아오기도 하여 계절의 흐름을 조금 다르게 만들기도 한다. 종잡을 수 없는 날씨의 심술로 겨울의 마지막 눈송이가 진달래 꽃망울에 내려앉기도 하고, 봄기운이 바람 끝에 머물며 묘하게 마음을 설레게 뒤흔들어 놓기도 한다. 참으로 변화무쌍한 조화 속에서도 누군가가 기다려지고 설레는 계절인 봄이다.

요즘 산길을 자주 걷는다. 그러다 우연히 등산용 스틱을 짚은 한 사람이 고사목인 소나무에서 무언가를 따는 모습을 발견했다. “무엇을 하십니까?” 하고 물으니, 그는 “버섯을 따고 있습니다.”라며 이렇게 덧붙였다. “이 버섯은 잘 말려 끓여 마시면 항암 효과가 있고 건강에도 좋습니다.”

멀리서 바라보면 푸르러야 할 소나무 숲이 누렇게 말라가고 있었다. 가까이 다가가니 솔잎은 부서져 땅에 떨어져 있었고 단단해야 할 나무의 몸통에는 송송 구멍이 뚫려 있었다.

그제야 알았다. 이 숲을 병들게 한 것은 바로 '소나무재선충(Bursaphelenchus xylophilus)'이었다.

소나무는 우리 민족의 역사와 정서 속에 깊이 뿌리내린 수목이다. 조상의 무덤가를 지키고, 사찰과 마을 어귀를 감싸며, 삶의 주변에서 함께해왔던 친숙한 존재이다. 산 주위를 둘러보니 재선충에 걸려 고사한 소나무를 벌목해 군데군데 쌓아놓고 두꺼운 비닐 여러 겹으로 꽁꽁 덮여 있는 모습들이 여기저기 산재해 있었다. 이를 목도하면서 눈에 보이지도 않는 작은 생물들 때문에 거대한 나무가 속수무책으로 고사하고 있다. 전문가들에 의하면 그 미세한 생명체인 재선충은 '솔수염하늘소'라는 매개충에 실려 날아와 소나무의 숨통을 조인다는 귀띔이다.

곰곰이 생각해 보면 재선충만이 문제의 원인은 아니다. 인간이 만들어낸 단일 수종 중심의 조림, 생물 다양성의 결핍, 기후 변화, 그리고 생태계 균형의 붕괴가 재선충을 더욱 빠르게 번지게 하는 촉진제 역할을 했지 싶다. 유전자가 동일한 나무들로만 이뤄진 숲은 마치 하나가 쓰러지면 모두가 흔들리는 불안정한 군대와도 같다. 반대로 다양한 생명이 서로 견제하고 공존하는 건강한 숲이었다면 병충해는 이토록 쉽게 확산하지 않았을 것이다.

버섯은 그처럼 말라죽은 나무 위에 자란다. 고사목에 핀 버섯은 단순한 곰팡이가 아니다. 그것은 자연의 청소부이며 분해자이며 생명의 순환을 돕는 조력자다. 버섯은 죽은 나무의 유기물을 분해해 다시 생명의 자양분이 되게 하고 그 속에 곤충이나 미생물 또는 작은 동물들이 머물 곳을 만든다. 결국 썩은 나무는 다시 흙이 되어 또 다른 생명을 키워낸다. 이것이 자연의 순환이자 죽음이 또 다른 생명의 시작임을 보여주는 교훈이다.

한편 우리는 숲에서 안정과 질서를 느낀다. "숲에 가면 뭐가 그렇게 좋습니까?"라는 물음에 많은 사람은 이렇게 대답했다. "메타세쿼이아 나무가 하늘을 향해 곧게 뻗은 모습이 장관이다." 또는 "은행나무가 오솔길을 따라 줄지어 있는 풍경이 좋다." 특히 사람들은 의외로 다양성보다는 질서 있고 반복되는 모습을 편안하게 느끼는 듯하다. 하지만 자연은 그것만으로 존재하지 않는다.

생물 다양성이란 단지 생물의 종류가 많다는 의미가 아니다. 그것은 생명이 서로 촘촘히 연결되어 있다는 증표이며 작은 균형 하나가 무너지면 전체에 파장을 일으킨다는 자연의 진리다. 솔수염하늘소가 늘어나면 재선충이 퍼진다. 그리고 소나무가 사라지면 그 그늘에 자라던 풀과 그 풀을 깃 삼던 새와 그 새를 바라보던 인간의 감성까지 영향을 받게 마련이다.

이제 우리는 단일 수종이 아닌 혼합림 조성, 자연적인 천적의 활용, 감염목의 신속한 제거 그리고 그 자리에 어떤 생명이 다시 뿌리내릴 수 있을지를 깊이 고민해야 한다. 생태계는 단순히 나무 한 그루로 이뤄진 것이 아니다. 그것은 수많은 생명이 얽히고설킨 정교한 관계망이다. 나는 종종 말라죽은 소나무들을 떠올린다. 그것은 슬픈 풍경일 수 있지만 그 위에 자라나는 버섯을 보면 자연의 생명력이 여전히 살아 있다는 희망도 함께 느낀다.

죽은 나무 위에서 다시 생명이 자라고 그 생명은 또 다른 생명을 불러온다. 버섯은 죽음과 생명을 이어주는 다리이면서 동시에 우리가 자연과 어떻게 연결되어 있는지를 말없이 들려주는 존재이다. 그들의 침묵이 전해주는 메시지는 단순한 고사가 아니다. 그것은 우리 모두에게 던지는 묵직한 질문이다.

"너희는 자연과 어떻게 공존할 것인가?"

그 질문 앞에서 나는 이제야 조금씩 답을 찾아간다. 생명을 위한 다양성과 함께 살아가는 숲을 우리가 지켜야 할 미래이다.

숲은 이렇게 말한다. 다양성과 균일성은 서로를 배척하는 것이 아니라 공존할 때 더 큰 감동을 만든다. 우리 사회도 마찬가지다. 다양한 목소리는 서로 척결의 대상으로 '너 죽고 나 살자(All or Nothing)'의 문제가 아니라 서로 공존하며 조화를 이루고 균형 잡힌 질서 속에서 평화를 느낀다. 이것이 자연이 우리에게 들려주는 가장 위대한 지혜일 것이다.

2025년 03월 22일

산불 피해와 숲, 생태 복원에 대한 성찰

바다를 곁에 두고 살아가던 그곳 해안 절벽 위에 따개비처럼 붙어 있던 마을의 집들이 사라졌다. 울주군, 산청군, 의성군… 산불은 바람을 타고 들불처럼 번졌고 삶의 터전과 추억을 모두 앗아 갔다.

그것은 한마을의 역사와 한 세대의 눈물 그리고 우리가 잃어버린 자연의 신음이었다. 갑작스러운 화마 앞에서 노인들은 약봉지 하나 챙기지 못한 채 도망쳤고 반려동물들은 주인을 기다리며 집에 홀로 남겨졌다. 그 황폐한 풍경 앞에서 우리는 다시금 묻게 된다.

"왜 또 소나무를 심는가?" "왜 그토록 타기 쉬운 나무를?"

이 물음은 단순히 경제성의 문제가 아니다. 우리는 이제 생태적 복원력이나 지역 토양의 특성을 비롯해 기후 위기 시대의 지속 가능성을 함께 고려해야 한다. 잿더미 위에서 우리는 숲의 의미를 새롭게 묻는다.

소나무는 척박한 땅에서도 자란다. 소나무는 오랫동안 우리 조상들의 희망이자 생계의 수단이었다. 독림가들은 수십 년 동안 나무를 심고 가꾸며 살아왔다.

그들은 그렇게 말한다. 소나무는 생태적 오해로 인해 산불 확산의 주범으로 인식되지만 산성 토양과 얕은 토심에는 오히려 적합한 수종이다. 천근성(淺根性) 속성 수종인 낙엽송은 동해안처럼 강풍이 많은 지역에서는 뿌리째 뽑히기도 한다. 눈이 많이 내리거나 바람이 거세게 불어도 꿋꿋이 자리를 지키는 건 오직 소나무뿐이다.

우리 사회는 이 숲에 대해 냉정한 시선을 던진다. 단일 수종의 위험성, 생태계 다양성 훼손, 벌채에 대한 규제 등 수많은 논란이 존재한다.

우리나라 산림의 66.7%가 사유림임에도 불구하고 산주들의 자율성은 극히 제한되어 있다. 수종 선택이나 벌채 허가를 위시해서 산림 전용에 이르기까지 다양한 규제가 산주의 의지를 꺾고 있다. 우리는 진정으로 자연을 지키려는 사람들의 목소리에 귀를 기울여야 한다.

(사)자연보호중앙연맹은 1977년 창립 이래 47년간 전국 17개 시도, 100만 명의 회원들과 함께 자연을 지키는 길을 걸어왔다. 연맹은 단순한 환경운동을 넘어, 생활 속 탄소 중립 실천(ESG), 생물 다양성 보전, 전통마을 숲 생태계 서비스, 정기적인 자연정화 활동, 시민과학자 양성 등 다양한 활동을 펼쳐 왔다.

특히 기후 변화에 대응해 연맹의 활동은 더욱 체계적이고 조직적이다. 전국 단위의 생태계 회복 모니터링과 원인 분석, 지역별 맞춤형 재조림 활동, 드론을 활용한 감시 및 조기 대응 훈련 등 과학기술과 시민의식을 결합한 새로운 패러다임을 제시하고 있다.

반복되는 산불 피해와 생태계의 위기를 해결하기 위해 우리는 구조적인 문제를 직시해야 한다.

첫째, 산림 정책은 지나치게 수종을 제한하고 벌채에 대한 과도한 규제로 산주의 자율성을 억제하고 있다.

둘째, 숲의 세대교체는 30~50년생 중심의 숲을 생태적 수명 주기에 따라 분산해 조성해야 한다.

셋째, 산불 대응 체계는 여전히 사후 대처 중심으로 예방과 조기 감시에 대한 투자가 부족하다.

넷째, 우리나라 목재 산업은 국산재 활용률이 16%에 불과하고 여전히 수입에 의존하는 구조에서 벗어나지 못하고 있다.

다섯째, 생물 다양성 측면에서도 단일 수종의 조림은 생태계의 균형을 무너뜨리는 요인이 되고 있다.

이에 대한 해결책은 명확하다. 생태계에 맞는 혼합 식재 방식으로 전환해야 한다. 예컨대 소나무와 참나무를 비롯해 편백 등을 섞어 심는 방식이다. 또한 사유림 정책의 유연화를 통해 산주들에게 더 많은 선택권과 인센티브를 제공해야 한다. 시민과학자 기반의 숲 모니터링 시스템 구축, 국산 목재의 고부가가치 산업화, AI 및 드론을 활용한 산불 감시 체계 도입도 절실하다.

3부

기억의 숲, 삶의 향기

아카시아꽃

신록의 오월이면 아카시아꽃이 향기를 안고 찾아온다. 우리 동네 뒷산에도 화사한 자태로 얼굴을 내미는 모습이 그렇게 정겨울 수 없었다. 문득 어느 시인의 시 한 구절인 "진달래처럼 아프게 부어오른 나의 꽃망울 이제는 울면서 조용히 터지리라."가 언뜻 떠오르기도 했다. 아울러 아카시아꽃은 첫사랑의 아련한 추억을 어루만져 주기도 했다. 그런가 하면 꽃의 푸른 잎, 하얀 꽃술이 내면 깊숙이 잠든 추억을 소환해 잔잔한 회상의 물결을 일렁이게 했다.

올해도 어김없이 아카시아꽃이 피었다. 봄이 다가오면 산에서 여러 가지 내음이 몰려온다. 하지만 그중에서도 아카시아꽃 향기는 유독 내 마음을 사로잡는다. "뻐꾹! 뻐국!" 뻐꾸기의 노랫소리가 아카시아꽃과 절묘하게 어우러지는 계절이기도 하다. 어린 시절 얘기이다. 달콤한 아카시아꽃 향기가 바람결 따라 산야에 그림을 그리듯 멀리멀리 퍼져나갔다. 아카시아꽃은 자줏빛과 하얀빛의 아련한 어울림이었다. 그런가 하면 꽃받침은 푸른색인 것과 불그스레한 색이 어우러졌다.

"아! 자연이 주는 아름다움엔 이런 아름다움도 있구나!"라고 중얼대며 무릎을 '탁' 치기도 했다. 분명 무심코 지나쳐 버릴 뻔했던 사실이다. 이렇게 몰랐던 아름다움이 내 주위에 있다는 걸 이제야 겨우 깨달았다.

유월쯤에 이르러 포도송이는 조석으로 다를 정도로 성장하게 마련이다. 이런 포도송이같이 익어가는 아카시아꽃은 무척 소담스럽다. 그런데 아카시아꽃은 새끼를 주머니에 넣고 기르는 캥거루 어미처럼 벌과 나비를 불러들여 속살을 있는 대로 내보이며 품에 안고 아낌없이 꿀을 내준다. 비록 하나하나의 꽃은 작고 화려하지 않지만 수많은 꽃송이가 숭어리 형태를 이뤄 눈부신 자태를 띤다. 그런데 아카시아꽃이 만개할 무렵이면 조용히 찾아오는 무례한 불청객이 있다. 바로 봄비와 봄바람이다. 봄비는 아카시아 꽃망울의 주머니를 살며시 덮는다. 그리고 봄바람은 하룻밤 사이에 미처 피지 못한 포도알 같은 꽃송이까지 맥없이 고개를 숙이게 한다. 꽃망울은 천명(天命)에 순응하듯 속절없이 돌아서 버린다.

6·25 전쟁이 휴전될 무렵 우리의 모든 산야는 풀 한 포기나 나무 한 포기를 찾아볼 수 없는 황폐화된 민둥산이 되어버렸다. 이처럼 황폐해진 산을 푸르게 가꾸기 위해 산림녹화 사업을 강력한 국책사업으로 추진했다. 이를 위해 우선 토사가 흘러내리지 않을 대책이 필요했다. 이런 연유에서 사방사업용으로 건조한고 척박한 땅에 잘 자라는 수종을 찾아낸 게 아카

시아나무를 비롯해 오리나무와 싸리나무 따위였다. 척박한 토양에서도 뿌리가 잘 번식해서 산사태도 막아주고 땅을 비옥하게도 만들어주는 수종이 아카시아였던 것이다. 그래서 전국에 걸쳐 대대적으로 아카시아나무를 많이 심었다.

세상에 완벽한 존재는 없는 것일까. 초기에 사방공사용으로 심었던 아카시아 뿌리가 맹렬하게 뻗어 나가면서 멀쩡한 논밭이나 산야에 널려있는 묘지를 파고들어 요즘엔 기피하는 수종으로 전락해 천덕꾸러기 취급을 당하고 있는 실정이다. 이런 까닭에 요즈음 전답이나 묘지의 언저리에 자라는 아카시아나무 뿌리를 송두리째 캐내거나 '근사미'같은 농약을 쳐서 발을 붙이지 못하도록 하는 경우가 허다하다. 한편 민둥산에서 푸른 산림이 우거진 산야로 바꾸는데 성공했다. 하지만 현재 대부분 산야에 식재된 수종(樹種)은 경제성이 없다는 이유에서 최근에는 각 지방의 토질에 적합한 잣나무나 편백나무 또는 이팝나무 등의 경제 수종으로 갱신 정책이 추진되고 있다.

비록 아카시아가 초기 녹화사업용으로 식재되었지만 오늘에 이르러 여러 이유에서 하찮게 대접받고 있다. 하지만 아카시아 꽃은 주요한 약용으로도 쓰인다는 사실을 널리 알려졌으면 좋겠다. 연구자들의 보고에 따르면 "항생제가 잘 듣지 않는 환자에게 염증 억제 효과가 뛰어나다."라는 전언이다. 또한 아카시아꽃에 함유된 '로비닌' 성분이 이뇨작용과 해독

작용도 한다는 귀띔이다. 그뿐이 아니다. 세포 괴사를 중지시키는 효과가 있기 때문에 미래 의약 산업의 소재로 등장하고 있단다. 이 같은 약리 작용의 장점을 차치하고라도 아카시아꽃 축제와 양봉 산업으로 지역사회 관광 문화와 비즈니스 콘텐츠로 개발될 여지를 충분히 갖춘 존재이기도 하다.

나는 아카시아꽃처럼 속살을 숨김없이 드러내는 사람이고 싶다. 벌과 나비에게 속에든 모든 것을 더덜이 없이 곧이곧대로 드러내 보이듯이 가능하면 표리부동(表裏不同)한 짓을 아니 하련다. 좋은 나무로 키우려면 곁치레인 가지치기를 잘하는 것도 한 가지 방법이다. 하지만 자신의 내면을 숨김없이 드러내 벌과 나비가 찾아들게 하여 행복을 찾는 방법도 좋다고 생각된다. 자신의 긍정적인 적인 면과 부정적인 면을 동시에 드러내 보일 때 남도 나에게 진정으로 다가올 것이기 때문이다. 해마다 오월이면 아카시아꽃 향기와 함께 가슴 깊은 곳에 잠재되어 있는 감성을 일깨우며 새로운 일상을 꿈꾸는 행운은 그 무엇과도 바꿀 수 없는 축복이리라.

_시와늪 49집 가을호 수필부문 1차 추천작

[심사평]

자연과 사랑에 빠진 맑은 영혼의 사유와 노래

제49집 수필부문 1차 추천 작품으로 김용덕 님의 '아카시아 꽃'을 선정했다. 보통의 경우 쉽게 지나칠 수 있는 평범한 소재의 특성을 정확히 꿰뚫는 안목에서 출발하여 상당한 경지의 작품으로 탄생시키는 문재에 손을 들어 주고 싶었다. 결코 범상치 않은 문제의식을 바탕으로 깔고 작품의 얼개를 엮고 예리한 통찰과 직관을 통해 소재를 주무르는 저력을 과부족 없이 뽐내고 있다.

서두의 첫 문장에서 "신록의 오월이면 아카시아꽃이 향기를 안고 찾아왔다."라고 화두처럼 툭 던지는 게 여간 멋진 게 아니었다. 우리 산야에 흐드러지게 피는 아카시아가 그렇게 정겨울 수 없다면서 자연스럽게 어느 시인의 시 귀를 떠올리는가 하면, 첫사랑의 기억이 되살아나기도 하고, 푸른 잎 하얀 꽃술에서 옛 추억이 소환되어 회상에 잠기게 마련이라는 고백은 오염되지 않은 작가의 순수하고 맑고 밝은 영혼을 더덜이 없이 고스란히 드러내고 있다.

어쩌면 너무도 진부할지도 모르는 주제이다. 하지만 작가의 사유의 세계와 예리한 직관력은 서툰 예단을 초월하여 상당한 경지의 문학 작품으로 승화시키고 있다. 작품에서 작가의 고유한 눈과 사유가 빚어낸 대목의 몇 가지이다.

우선 "아카시아꽃은 자줏빛과 하얀빛의 아련한 어울림이었다. 그런가 하면 꽃받침은 푸른색인 것과 불그스레한 색이 어우러졌다."라는 묘사는 예사롭지 않은 통찰력과 묘사력을 엿볼 대목이다. 또한 "그런데 아카시아꽃은 새끼를 주머니에 넣고 기르는 캥거루 어미처럼 벌과 나비를 불러들여 속살을 있는 대로 내보이며 품에 안고 아낌없이 꿀을 내준다. 비록 하나하나의 꽃은 작고 화려하지 않지만 수많은 꽃송이가 숭어리 형태를 이뤄 눈부신 자태를 띤다."라는 서술에서 아카시아꽃을 캥거루에 견주는 비유는 작가의 빼어난 정신세계가 드넓고 깊으며 관찰력이 범상치 않음을 드러내는 증좌이다.

작가의 사유의 세계는 아카시아가 이 땅에 많이 심겨진 이면사에까지 아우르고 있다. 6·25 전쟁으로 황폐화된 민둥산에 사방 공사가 강력한 국책사업으로 진행되면서 "사방사업용으로 건조한고 척박한 땅에 잘 자라는 속성 수종을 찾아낸 게 아카시아나무를 비롯해 오리나무와 싸리나무 따위였다."라고 조곤조곤 들려주는 식견에 혀를 내두를 수밖에 없었다. 이렇게 식재된 존재이건만 "세상에 완벽한 존재는 없는 것일까. 초기에 사방공사용으로 식재했던 아카시아 뿌리가 맹렬하게 뻗어 나가면서 멀쩡한 논밭이나 산야에 널려있는 묘지를 파고들어 요즘엔 기피의 대상으로 전락해 천덕꾸러기 취급을 당하고 있다." 이런 이유로 이즈음엔 우리 산야는 새로운 경제 수종(樹種)으로 수종갱신이 진행되고 있다는 조림 지식까지 귀띔하고 있다.

작가는 행간을 통해 넌지시 엿보이고 있다. 한때는 황폐화된 우리 산야를 녹화시키기 위해 거국적으로 식재되었던 아카시아나무가 하찮은 대접을 받고 있다 하지만 "약용으로도 쓰인다는 사실을 널리 알려졌으면 좋겠다."라는 마음이라든가, "이 같은 약리 작용의 장점을 차치하고라도 아카시아꽃 축제와 양봉 산업으로 지역사회 관광 문화와 비즈니스 콘텐츠로 개발될 여지를 충분히 갖춘 존재이기도 하다."고 애정을 담뿍 담은 진솔한 마음을 여과 없이 통째로 드러내고 있다.

결국 작가는 자신의 고유한 철학과 가치관을 바탕으로 순수한 자연의 편린인 '아카시아꽃'을 통하여 사유의 폭과 깊이를 고스란히 드러내는 문재(文才)를 한껏 자랑하고 있다. 이런 시각과 사유는 향후 글밭을 일구고 경작하여 일궈낸 작품에 대한 기대를 높이기에 부족함이 없다.

결미(結尾)에서 작가는 자신의 바람을 곡진하게 그러나 조용하고 담담히 드러내고 있다. "아카시아꽃처럼 속살을 숨김없이 드러내는 사람이 되고 싶다."라면서 "표리부동한 짓을 하지 않겠다."라고 다짐한다. 그러면서 "좋은 나무로 키우려면 겉치레인 가지치기를 잘하는 것도 한 가지 방법이다. 하지만 자신의 내면을 숨김없이 드러내 벌과 나비가 찾아들게 하여 행복을 찾는 방법도 좋다고 생각된다." 이는 작가의 철학이며 가치관으로 향후 문학의 길에서 지켜나갈 금과옥조의 천명과 다를 바 없지 싶다. 모쪼록 기왕에 들어선 문학의 길에 끝없는 연마와 승화를 통해 우뚝한 문인으로 거듭나기를 빌면서 진심으로 축하드린다.

경자년(庚子年) 성하(盛夏)

심사위원 일동 합장

[당선 소감]

글을 쓴다는 것은 잔잔한 바다의 물결에 들어가는 기분이 든다. 어릴 적 간혹 마을 뒷산에 올라서면 먼 동해안 먼바다를 바라보기도 했다. 태양의 빛이 수평선 위에 부딪혀 포물선을 그리며 내 시야를 내리친다. 멀리 수평선 위 바다의 모습이 한 폭의 그림같이 보였다. 바다만이 간직하는 독특한 내음이 어린 가슴을 건드려주기도 했다. 자연 그대로 생긴 돌 위에 걸쳐 앉아 먼 수평선을 바라보며 허공에다 마음의 글을 쓰기도 하고, 바닥의 흙에다 나뭇가지로 끼적거리기도 했다.

내 마음속에 글이라는 잔잔한 파도가 출렁이고 있었나 보다. 사회단체 활동을 꾸준히 하면서 간혹 글을 쓰는 관계는 해와 달을 쳐다보며 지내 왔다. 글을 쓰는 사람은 익어간다고 생각한다. 자연보호 활동을 20년 이상 해오면서 자연과 사람이 공존하는 곳에는 생명력이 꿈틀거리는 것을 볼 수가 있었다. 글을 쓰면 사람의 냄새를 맡을 수 있어 마음이 따뜻해지고 겸손함을 느낄 수 있어 행복해질 수 있다.

요즘 장맛비의 집중폭우로 인해 언론 및 뉴스에 일면을 장식한다. 이러한 상황 속에 뜻하지 않게 당선 통보를 받았다. 이제까지 마음속에 쓰고 또 쓰던 글을 써왔지만 이제는 어엿한 문인으로서 활동할 수 있게 됨을 감사드린다. 허접한 글을 높이 평가해 준 심사위원들께 진심으로 감사드린다. 어릴 적 산 꼭대기에서 먼바다를 바라보는 심정으로 폭풍이 몰아치는 험난한 파도를 헤쳐가서 기회의 문을 열도록 하겠습니다.

고맙습니다.

몽당연필

옷에 물감이 흩뿌려진 듯한 풍경이었다. 가는 곳마다 나뭇잎 위에 뿌려진 색들이 형형색색의 세상을 연출하고 있었다. 혼자 산길을 걷다가 마주친 정경이었다. 이른 아침 도토리를 줍는 아낙은 참나무 밑을 오가며 낙엽을 이리저리 휘젓고 있었다. 그에 따라 사방으로 흩날리는 나뭇잎들과 펼쳐지는 다채로운 색은 말로 형용하기 어려운 기묘한 자태를 뽐냈다. 물감으로는 도저히 흉내 낼 수 없는 자연이 그려낸 절묘한 예술이었다.

언제 다가왔는지도 모르게 나무 위에서는 청설모가 도토리를 줍는 아낙을 예의주시하고 있었다. 이맘때면 청설모와 아낙은 도토리를 사이에 두고 밀고 당기며 물러설 수 없는 겨루기를 펼친다. 그런 모습을 몰래 엿보며 자연에 흠뻑 취할 수 있음은 쉽게 누릴 수 없는 호사다. 이런 맥락에서 나 홀로 산길을 걷는 일은 내 취향에 꼭 맞는 행복이다.

동네 뒷산 둘레길을 걷던 중에 길모퉁이를 돌아서는 순간이었다. 희뿌연 안개가 드리워진 사이로 기계 소리가 들려왔다. 그 속에서 한 노인이 눈에 들어왔다. 그의 한쪽 귀 뒤에는 닳고 닳은 몽당연필 하나가 꽂혀 있었다. 그 모습이 내 눈에 크게 클로즈업되었다. 그 몽당연필은 변화에 적응하지 못하고 사양길에 접어든 상징처럼 느껴졌다. 그 순간 공장 기계들과 사방에 흩어진 자재와 부품들이 지난한 세월의 흔적을 생생히 보여주는 듯했다. 오랜 세월 거친 노동을 해온 탓인지 유난히 투박해진 노인의 손등 또한 눈길을 끌었다. 하지만 노인의 얼굴에는 웃음이 가득했다. 아, 이것이야말로 진정한 만족과 행복의 진면목이 아닐까. 가을 햇살이 나뭇잎 사이로 비추며 노인의 얼굴을 감싸고 있었다. 평화로운 노년의 모습이 투영된 순간이었다. 연필의 진정한 가치는 자기 살을 깎아가며 쓰이는 데 있다. 나는 노인에게 물었다.

"기계가 매우 오래되어 보입니다. 몇 년 동안 일해 오셨습니까?"

"한 50년은 넘었지요. 그러고 보니 20대부터 시작했는데 벌써 70이 되었네요."

노인의 주름진 얼굴에는 호락호락하지 않았을 삶의 궤적이 고스란히 새겨져 있었다.

"저 기계들과 내가 함께 살아온 세월입니다. 저게 내 인생이에요."

그는 담배를 들이켜며 한숨을 내쉰다. 연기는 주위를 맴돌다 골목길 가로수에 걸려 무지개를 그린다.

“기계가 잘 돌아갈 때가 내 청춘이었죠. 지금은… 세월 따라 빛 좋은 개살구가 돼버렸네요.”

공장이 한창 활기차게 돌아가던 시절 그의 청춘도 함께였음을 회상하는 말이다. 회한이 담긴 담배 연기 속에서 인생의 덧없음이 스며들었다. 노인의 귀 뒤에 꽂힌 몽당연필은 이제는 정밀한 샤프에 밀려 역사의 뒤안길로 사라지는 듯한 모습이었다. 어쩌면 생을 다해 가는 그 연필은 노인의 모습과 겹쳐져 데자뷔처럼 다가와 가슴을 먹먹하게 했다.

‘노인은 지난날을 후회할까? 아니면 그리워할까? 혹은 행복해할까?’

담배 연기는 멀리 사라졌지만 그의 회고담은 계속 이어졌다. 구제금융 시절 그는 새로운 기계로 혁신해 보라는 권유를 많이 받았다고 했다. 고심을 거듭했지만 자동화라는 거센 물결에 동참하지 못한 채 기존 방식을 지켜왔다고 했다. 변혁과 기존 체제를 놓고 수많은 갈등과 고뇌를 거듭했었단다. 그러다가 결국 과감한 변신을 시도하지 못하고 멈췄다고. 결과적으로 그는 변화에 적응하지 못한 낙오자가 된 셈이다. 만약 당시 자동화 흐름에 발맞추었더라면 오늘날 4차 산업혁명의 혜택을 누리고 있었을지도 모른다. 그의 귀 뒤에 꽂힌 연필의 지우개로 지난 세월을 지워내고 다시 결정할 수 있었다면, 가을의 풍요로운 결실처럼 힘차게 돌아가는 공장을 상상할 수도 있었으리라.

오랜만에 자연을 벗 삼아 나 홀로 낙엽 쌓인 길을 걷던 중 만난 노인의 몽당연필 모습이 아직도 가슴을 뭉클하게 한다.

"그동안 수많은 우여곡절이 있었지만 이렇게라도 공장을 운영해올 수 있었던 건 행운이지요."

노인의 진솔한 소회가 마음을 울렸다. 걷다가 발끝에 차인 작은 돌멩이의 소리 낙엽을 밟는 소리마저도 모두 흔적으로 남는 가을이다. 길 위에 선 내게 있어 중요한 것은 '속도'가 아니라 '방향'이라는 평범한 진리를 다시금 일깨워 준다. '뒤주 밑이 긁히면 밥맛이 더 난다.'라는 속담처럼 짙어가는 가을 등산길에서 '변화에 대한 적절한 대응'이라는 화두를 곱씹어 본다.

2018년 11월 05일

수각(水閣)의 물을 마시며

생긴 그대로에 몸을 기대고 가는 것이 생명력이다. 울퉁한가 하면 불퉁하기도 하다. 네모도 아니고 둥글지도 않다. 매끈하고 윤기나는 것이 별것일까. 별과 하늘 그림자가 맑게 비쳐 내 가슴을 훈훈하게 울려줄 때면 그걸로 족하다.

원래 '수각(水閣)'은 물가나 물 위에 지은 정자를 뜻한다. 그런데 보통 사찰이나 외진 산골에 식수로 사용하기 위해 흐르는 물을 잠시 모아 두려고 짓는다. 깊은 산속이나 작은 골짜기에서는 옹달샘을 파서 정화시켜 정갈한 물을 마시고 사용한다. 그런데 이 옹달샘에서 여과 기능을 잘하는 것은 모진 세파 속에 시달리며 닳고 닳다가 제멋대로 마모된 돌덩이나 모래가 한층 더 여과를 잘하고 자연스럽다.

요즘 사찰의 수각은 그 형태도 다양해졌다. 동자승이 들고 있는 함지박에서 물이 나오기도 하고 보살의 약병이나 백화 연꽃 모양에서 물줄기가 흘러나오기도 한다. 불가(佛家)에서는 "마음을 씻는 물을 마시면 탐욕(貪)과 성냄(嗔), 어리석음(癡)의 삼독(三毒)*에서 벗어날 수 있다."라고 말한다. 어쩌면 하찮은 돌은 길에 버려져도 주워 갈 사람도 없다. 걷다가 발에 차여도 툴툴 털고 지나칠 존재이다. 하지만 시원한 느낌을 주는 청푸른 이끼를 보듬고 있는 그 생명력 있는 모습은 경이롭다.

자연을 벗 삼아 걷기에 몰입했다. 그렇게 빠져들어 시간이 지나면서 생활의 패턴과 살아가는 방식이 주변 환경에 동화되면서 서서히 변했다. 언제부터인지 즐기던 구기 운동도 내팽개치고 산행에 푹 빠지게 되었다. 어머니 품처럼 포근한 지리산이나 웅장하고 당당한 설악산의 품에 안겨 자연의 신비에 깊이 심취하게 된다. 산수화 형상이 황홀하게 눈앞에 펼쳐진 경관에 대취(大醉)하니 내가 마치 우아한 모델이 된 것 같은 착각에 빠질 때도 있다. 산 정상에 올라서면 흰 수건을 날리며 훨훨 나는 천사가 되는 황홀한 꿈을 꾸기도 한다.

산속에는 생명력이 분주하게 살아 움직인다. 다양한 생태와 형상이 공존하는 그곳에 투박하지만 신선한 수각이 자리 잡고 있다. 자연스러운 형태 속에도 감성이 묻어나고 생명력의 존재 가치만큼 수각은 제 자태를 드러낸다. 떡갈나무 잎 크기로 그 넓이를 가늠하듯 크고 작은 잎들이 수각 위를 지키고 있다. 차고 넘치는 물도 무질서하게 흐르지 않는다. 동식물이 먹을 수 있는 방향으로 생명을 이롭게 하는 흐름을 따라간다. 수각의 물은 자신의 위치에 따라 자연에 동화되어 흘러간다. 만약 인위적으로 그 흐름을 돌린다면 자연 생태계는 어떻게 변화하게 될까. 수각은 자연을 품으며 스스로 역할을 묵묵히 다하고 있다.

수각의 물은 마중물과 같다. 아픔을 느껴본 사람만이 고통을 깊이를 알 수 있고 시련을 이겨내면서 가치를 추구해 본 사람만이 세월의 가치를 알 수 있다. 아무도 돌봐주지도 않는 산골짜기에서 볼품없는 자신을 알아주는 이가 있어 행복하다. 세찬 날씨에 얼음장 밑으로 물이 흐를 때면 오래전 기억이 떠오른다.

산속의 사찰 부근에서 깡마르고 몸이 허약해 보이는 이가 흐느적거리며 걷고 있었다. 그는 자신의 몸도 제대로 지탱하기 어려운 처지임에도 불구하고 차디찬 계곡에서 돌덩이 하나로 얼음장을 한 조각씩 찍어내고 있었다. 그는 "계곡의 돌웅덩이로 흐르는 물을 마시기도 하고 마음도 씻어야 하기에 물이 얼어버리면 자주 얼음을 쪼개야 한다."라고 했다. 마음의 상처를 땀으로 씻어내고 몸에 달라붙은 육신의 고통은 뼈마디로 이겨내고 있었다.

수각의 물은 생명체의 안식처가 된다. 허약한 사람도 수각의 물을 마시고 몸과 마음을 치유하며 건강하게 살아간다. 그 물은 밤하늘의 별빛과 달빛을 머금어 생명체의 어둠을 밝혀주기도 한다. 수각은 언제 어디에 머물든 자존감을 잃지 않는다. 비교하지 않고 자신만의 존재 가치를 알고 있다. 자기를 과신하여 본연의 존재를 잊는다면 생명력은 위태로워진다.

살아 숨 쉬는 수각에는 구름이 그림을 그린다. 그 그림 속에는 희망과 사랑 그리고 행복이 새겨질 것이다. 나는 수각에 흐르는 청량한 물 한 모금을 마시며 깊은 사념에 잠겼다.

=======

* 삼독(三毒) : 사람의 착한 마음을 해치는 세 가지 번뇌. 다시 말하면 욕심(貪), 성냄(嗔), 어리석음(痴) 따위를 독에 비유하여 이르는 말이다.

2019년 04월 07일

이끼

인현왕후의 흔적을 따라가 보고 싶어 청암사(青巖寺)를 찾았다. 언젠가 김천의 불영산에 자리한 청암사가 왕후와 관련 있다는 이야기를 들은 기억이 있었기 때문이다. 사찰 입구의 가을 숲길은 울창했고 나무줄기와 가지마다 더부살이하듯 붙어 있던 이끼가 유난히 푸르렀다. 앙상해진 가지 마디마다 이끼가 이불처럼 포근히 덮여 있어 보는 이의 마음이 따뜻하게 감싸주는 듯했다. 울긋불긋한 단풍잎이 다소곳이 돌길에 내려앉아 가을의 정취를 더했었다. 가을빛이 가득 담긴 일주문을 지나며 내 마음에도 고운 물이 드는 듯했다. 천왕문을 오르는 돌계단에도 이끼는 선명한 초록빛을 간직하고 있었다.

전날 내린 비 덕분일까. 세진암으로 향하는 계곡 길의 공기는 맑고 쾌청하여 산뜻했다. 줄다리를 타고 계곡을 건너며 주변 바위에 눈길을 주니 온통 이끼로 뒤덮여 있었다. 마치 바위가 푸른 장화를 신은 듯이 혹은 치렁치렁한 융단 치마를 두른 듯한 자태는 경이로움 그 자체였다. 금이 가고 갈라진 상처처럼 보이는 바위틈 사이로 이끼가 덮여 있어 마치 슬픔과 아픔을 어루만져 주는 듯한 인상을 주었다. 절벽의 바위와 흙을 꽉 움켜쥔 이끼 사이로 물이 흐르는 풍경은 태초에 생명이 태어나는 순간을 재현하는 듯 신비롭기까지 했다. '청암사'라는 이름 그대로 바위 위엔 청청한 이끼가 무성하게 자리하고 있었다.

자연보호 활동을 하며 전국을 누비다 터득한 사실 하나가 있다. 이끼는 물속에 살던 조류(藻類)가 진화해 육지로 올라온 최초의 육상식물이라는 점이다. 원시적인 식물이기에 꽃을 피우지 않으며 뿌리·줄기·잎의 구분이 뚜렷하지 않다. 그럼에도 척박한 환경에서도 꿋꿋이 살아가는 강한 생명력을 지닌 존재다. 어쩌면 스스로 음지에서 살아가는 법을 터득했기에 오랜 세월 생존할 수 있었던 것인지도 모르겠다.

세진암 계곡의 바위나 나무에 피어난 이끼에 시선을 떼기 어려웠다. 오랜 세월의 무게가 내 가슴을 조용히 내려앉게 했다. 이끼는 계곡에 물이 넘쳐도 그 흐름을 고스란히 받아들인다. 이끼들이 품고 있는 순수한 혼이 고요히 전해져와 대웅전 부처님의 환한 미소가 어쩌면 그 마음에 대한 응답처럼 느껴지기도 했다. 아울러 푸르고 싱그러운 이끼의 자태는 오고 가고 하는 이들에게 작은 등불처럼 길을 밝혀주는 존재가 아닐까. 이토록 신비한 풍경 덕분에 사진작가들이 이곳을 즐겨 찾는 것도 이해가 갔다. 나 또한 빼어난 풍경에 마음을 빼앗겨 계곡 곳곳을 두리번거리다 미끄러지기도 했다. 예전의 나는 이끼를 그저 활짝 피지도 못하고 사라지는 하찮은 존재로 여겼다. 생명체로조차 생각하지 않았던 것이 솔직한 고백이다. 때론 이끼가 지저분하다며 돌로 긁어내기도 했다.

자연보호 활동을 통해 이끼를 새롭게 보게 되었다. 이끼는 다른 생명을 보듬는 포용력을 지녔다. 차가운 비바람과 열악한 환경 속에서도 절대 무너지지 않고, 자신보다 다른 생명의 삶터를 마련해 주며 이타적인 삶을 살아간다. 물과 나무나 바위를 위시해서 바람을 있는 그대로 받아들이고 그 위에 살아가는 생명을 감싸안으며 어떠한 생색도 내지 않는다. 대가를 바라지 않는 봉사의 삶 그것이야말로 이끼의 삶이 아닐까. 그래서 이끼와 함께 있는 것들은 늘 끈질긴 생명력과 생기를 지닌 듯 보인다.

극락전으로 오르는 길에 나뭇가지마다 이끼가 포근히 감싸고 있었다. 어쩐지 그 모습은 아팠던 시절의 나를 떠올리게 했다. 가을이 깊어져 옷자락이 해지고 빛바랜 채 휘감고 있는 나무들의 모습이 을씨년스러웠다. 극락전 앞의 돌담에도 이끼는 푸르게 깔려 있었다. 돌담은 마치 역사와 세월의 무게를 품고 있는 듯했다. 그 틈새에 자리 잡은 이끼는 무념무상의 시간을 묵묵히 견뎌낸 듯한 침묵을 품고 있었다. 단풍잎은 계절의 순환에 따라 이리저리 흩날리고 이끼는 그런 변화에도 꿈쩍하지 않는 강인한 생명처럼 보였다. 심지어 눈앞에서 벌레가 단풍잎을 갉아먹어도 이끼는 아무런 동요 없이 제 갈 길을 가는 듯했다. 그런 모습이 오히려 더 도도하고 고결하게 느껴졌다.

이윽고 폐위된 인현왕후가 3년간 기도했다는 보광전에 도착했다. 보광전의 돌계단에도 이끼는 푸르게 자리를 지키고 있었다. 숙종과 인현왕후와 장희빈 사이의 드라마 같은 사연을 모르는지 이끼는 그 자리에서도 한결같은 차분함을 보여주고 있었다. 그렇게 이끼는 생명의 뿌리를 내린 그 자리에서 고개를 숙인 채 묵묵히 살아간다.

서인과 남인의 치열한 당쟁 속에 비운의 삶을 피할 수 없었던 인현왕후이다. 그녀는 이곳에서 실의와 역경을 견디며 지혜와 인내를 키웠으리라. 아마도 사람들의 시선을 피하며 돌계단을 오르내리며 이끼처럼 질긴 생명력을 키우고 깊은 한을 삭이며 절치부심했을지도 모른다. 보광전 앞 수각(水閣)에서 물 한 바가지로 목을 축이며 그녀는 어떤 생각에 잠겼을까.

보광전에서 내려오는 길에 숲 속엔 고봉탑과 부도가 조용히 맞아주었다. 그 위에도 몇 겁의 세월을 머금은 듯한 이끼가 두텁게 자리 잡고 있었다. 부도를 바라보며 문득 내 인생의 환희와 고난 그리고 수많은 순간이 주마등처럼 스쳐 지나갔다. 부도 위에 내려앉은 이끼는 마치 내게 속삭이는 듯했다. "참고 견딜 줄도 알아야 해. 인고 끝에는 반드시 성취가 따라오는 법이야. 순간순간을 굳건히 다져야만 보다 높은 것을 이룰 수 있는 거야." 그렇게 말이다.

경기 불황의 여파일까. 부처님을 바라볼수록 움츠러드는 작고 초라한 나를 마주하게 된다. 그러나 이 정도 고난쯤은 나를 더욱 단단하게 단련하고 더 멀리 나아가게 하는 용광로가 될 것이라 믿는다. 그렇게 다짐하며 청암교(靑巖橋)를 되짚어 하산길을 서두르며…….

2020년 08월 15일

삶을 품은 숲

_잊혀진 향기를 찾아서

아지랑이가 피어오르는 계절이 되면 생명의 소생과 함께 마음도 설레곤 한다. 하지만 요즈음은 반갑지 않은 미세먼지의 공습으로 대기오염이 심각해져 사람들 모두가 마스크를 쓰고 나서야 하는 현실이 반갑지만은 않다. 뾰족한 해결책이 없는 탓에 봄이 왔음에도 마음의 문을 열지 못한 채 망설이며 이리저리 따져보게 된다. 그럼에도 불구하고 화신이 울부짖으며 터지듯 봄의 전령들은 온 세상을 덮치듯 찾아와 탄생과 소생의 향연을 펼친다. 겨우내 얼어붙었던 텃밭도 봄기운에 푸슬푸슬 풀려 새싹들이 흙을 밀치며 고개를 내밀기 시작한다.

소생의 봄이 오면 전국 곳곳에서 다양한 꽃 축제가 열리며 마음을 자극한다. 멀리 나서지는 못했지만 아쉬운 마음을 달래려 달성군 옥포읍의 송해공원 둘레길을 걸었다. 길바닥에 떨어진 낙엽이나 솔방울을 툭툭 차며 봄기운을 느끼며 천천히 걸었다. 길 곳곳엔 옥포 벚꽃 축제를 알리는 현수막이 알록달록하게 걸려있었다. 전망대에 오르니 산야가 아득하게 펼쳐져 마치 한 폭의 그림처럼 다가왔다. 문득 옛 시골 장터가 그리워졌고 그 시절의 모습들이 아련히 떠올랐다.

그렇게 사념에 젖은 채 걷다 보니 노랗게 만개한 산수유 꽃이 눈앞에 펼쳐졌다. 이어 목련꽃도 활짝 피어 하얀 수채화를 그려내고 있었다. 나뭇가지에 달린 잎눈들은 봄바람에 흔들리며 실실 웃고 있었다. 희뿌연 안개가 앞을 가로막아도 솔잎 내음에 흥이 올라 흥얼흥얼 노래를 부르며 걸었다. 새봄의 정취에 흠뻑 취해 마음은 그저 흐뭇하기만 했다.

따뜻한 봄날의 나들이는 언제나 풍요롭고 즐겁다. 그러던 중에 연록의 숲속 작은 소나무 뒤에 알록달록한 차림의 아주머니 두 분이 보였다. 인사를 건네며

"여기서 무얼 하세요?" 하고 물으니, 놀란 다람쥐처럼 조심스레 얼굴을 내민 그분이 답했다.

"세월이 지나니 몸이 예전 같지 않아 관절이며 혈압이 좋지 않은데, 새 솔방울이 몸에 좋다 하여 따고 있어요." 그 말씀에 어린 시절이 떠올랐다.

봄이면 어머니께서 "산에 가서 새 솔잎이랑 새 솔방울 좀 따오너라." 하시던 말씀이 생각났다. 봄이 되면 유난히 배가 고파 간식을 찾기도 했다. 들판이나 논두렁에서 친구들과 함께 삘기*를 뽑아 먹거나 산에 올라 진달래꽃을 따 먹곤 했다. 입술과 혀가 연분홍빛으로 물들던 그 시절 서로를 보고 깔깔거리며 웃었던 기억이 아직도 생생하다.

또한 소나무 새순을 꺾어 껍질을 벗기고 송기(松肌)*를 쪽쪽 빨아먹던 기억도 떠올랐다. 송기의 향긋하고 달달한 맛은 잠시나마 허기를 잊게 했고 그것만으로도 충분히 만족스러웠다. 그런 열악한 환경 속에서도 몸은 적응하려 애썼고 그 몸부림은 지금 돌이켜보면 위대했다는 생각이 든다. 그 시절 맛본 삘기나 진달래와 송기의 맛은 오늘날 원두커피나 과일주스와 크게 다르지 않다. 아니 어쩌면 더 진하고 깊은 맛이었을지도 모른다.

예로부터 전해지는 이야기가 있다. 부안(扶安) 변산(邊山)의 최 씨 가문의 처자가 진천(鎭川) 송씨 가문과 혼인할 무렵에 친정아버지가 "시집갈 때 무엇을 주면 좋겠느냐."라고 물었다. 그 물음에 "변산의 소나무에서 채취한 솔 씨 서 말 만 주세요."라고 했단다. 그 씨앗을 익산 왕궁면에 뿌려 울창한 숲을 이루었고 그 땅에 집성촌이 생겨 자손이 번창했다고 전해진다. 소나무는 약재로도 귀하게 여겨졌으며 고승들은 송화(松花)* 가루를 먹고 신선이 되었다는 전설도 있다.

우리가 하찮게 여길 수 있는 솔잎도 효능이 크다. 아궁이에 불을 지핀 후 온돌방에 솔잎을 두껍게 깔고 이불을 덮은 채 한숨 자고 나면 송진의 힘으로 병균이나 염증이 빠져나간다고 한다. 문화가 발달하면서 삶이 나아진 것은 분명하다. 하지만 실상은 현대 문명의 틀 속에서 다람쥐 쳇바퀴 돌 듯 반복되는 일상에 갇혀 있는 것은 아닌지 돌아보게 된다.

예전엔 어디를 가든 자연의 흙을 밟을 수 있었다. 그러나 지금 우리가 걷는 곳은 대부분 아스팔트와 시멘트로 덮여 있다. 그 속에서조차 나무들은 좁고 딱딱한 땅에 뿌리내리며 신음하고 있다. "인간은 자연에서 태어나 자연에 의존해 살다가 끝내 자연으로 돌아간다."라는 말을 되새기게 된다.

흙은 단순하지만 위대한 진리를 전한다. "콩을 심으면 콩이 나고, 팥을 심으면 팥이 난다."라는 사실을 되새겨본다. 흙은 생명을 감싸고 진솔한 숨결을 들려주며 자연의 냄새를 고스란히 품고 있다. 그것은 마치 모든 생명을 품는 어머니의 품처럼 우리 삶의 시작점이자 본질을 일깨워 준다.

======

* 삘기 : 띠(외떡잎식물인 벼과에 속하는 여러해살이풀)의 새로 나는 어린 싹.
* 송기(松肌) : 소나무의 속껍질. 쌀가루와 함께 섞어서 떡이나 죽을 만들어 먹기도 한다.
* 송화(松花) : 소나무의 꽃가루

2018년 04월 01일

다랑논

가파른 산비탈을 따라 층층이 이어진 다랑논이 그리워진다. 하늘이 비를 내려주지 않으면 도저히 농사를 지을 수 없는 속절없는 땅이기도 했다. 멀리서 바라보면 마치 하늘로 향하는 사다리처럼 보여 오르내리기조차 버거웠다. 그러나 그곳을 분주히 오르내리다 보면 문득 마음이 허공으로 날아가는 듯한 기분이 들곤 했다.

다랑논은 농사지을 땅이 귀하던 시절 '갓을 벗어 놓을 자리만 있어도 개간했다.'라는 말처럼 절박한 생존의 무대였다. 물론 강우량이 많은 중국 원난성의 계단식 논처럼 웅장하거나 세계문화유산에 등재될 만한 수준은 아니었다. 그저 척박한 산비탈에 자리한 천수답은 어릴 적 추억이 아로새겨진 애증이 점철된 터전이었다. 그러나 지금은 많은 이들이 전원생활을 꿈꾸며 이곳을 찾아온다. 고단했던 삶의 무대가 오히려 삶을 즐기기 위한 공간으로 다시 조명되는 현실이다. 그 아이러니 속에서 문득 지난 시절이 그리워지곤 한다.

그 논은 농사꾼의 눈물과 땀이 빚어낸 땅이다. 내가 어린 시절 경험했던 농촌의 일상은 돌과 씨름하는 고단함 그 자체였다. 돌투성이 비탈을 망태기에 돌을 가득 담아내며 조금씩 평평한 땅을 만들어갔다. 골라낸 돌로는 논둑을 쌓고, 논바닥은 점토나 흙으로 다져 물이 쉽게 빠져나가지 않도록 했다. 모든 과정은 사람의 손으로 이루어졌다.

손바닥만 한 땅이라도 눈에 띄면 누구랄 것 없이 물불을 가리지 않고 논으로 일궜다. 그렇게 정성을 들인 땅도 한두 해에 완성되기는 어려웠다. 매년 돌을 캐내고 둑을 보강해야만 겨우 경작이 가능했다. 태풍이나 큰비가 지나간 후에는 논둑이 무너지는 걸 방지하기 위해 나무 말뚝을 박고 비닐 포대로 덮는 등의 임시 조치도 필요했다. 이처럼 다랑논은 산간의 비탈을 깎아 인간과 자연이 조화롭게 빚어낸 눈물겨운 결실이었다.

다랑논의 형상은 등고선처럼 층층이 이어져 삶의 애환을 드러내는 듯하다. 마치 삶의 좌표처럼 보이기도 한다. 수많은 갈림길에서 어느 방향을 선택해야 할지 고민하는 인간의 삶처럼 다랑논도 저마다의 넓이와 길이로 농작물의 수확량을 좌우한다. 지도에 그려진 등고선이 각기 다르듯이 사람도 각자의 능력에 따라 고유한 삶의 궤적을 지니고 있다.

잠시 눈을 감는다. 운무 속에 감춰진 다랑논의 풍경이 흐릿하게 떠오른다. 안개처럼 흐려지는 지난 삶의 기억이 아른거린다. 지천명을 바라보는 나의 얼굴에도 등고선 같은 주름이 훈

장처럼 새겨져 있다. 그러나 떠오르는 해의 각도에 따라 그림자가 달라지듯이 내 삶의 궤적도 얼마든지 달라질 수 있으리라는 희망을 품는다. 결국 삶의 주도권을 가진 자만이 자신의 인생을 주체적으로 이끌 수 있다는 믿음을 다시금 되새긴다.

다랑논은 다양한 생명을 품고 그 생명이 결실을 얻게 해주는 곳이다. 계곡의 토질은 척박하거나 지지력이 약한 진흙으로 이루어진 경우가 많다. 진흙은 습지를 조성하고 생물 다양성을 높이는 데 기여한다. 침식을 막고 물을 머금는 특성 덕에 그 속에선 연꽃이 피어난다. 연꽃은 오염물질을 자양분 삼아 산소를 내뿜고 물을 정화한다. 진흙의 혼탁함 속에서 맑고 깨끗한 꽃이 피어난다는 점에서 자연 생태계의 유기적 조화를 상징적으로 보여준다.

진흙 땅속에서 배고픔을 달래주던 시절의 기억도 또렷하다. 물기를 머금은 논바닥을 조금만 뒤집으면 논고동이 있었다. 더 깊이 들어가면 미꾸라지가 잔뜩 나왔다. 때로는 엄지손가락보다 큰 미꾸라지가 너무 커서 징그러울 정도였다. 하지만 어느 순간 나도 모르게 깊은 수렁에 빠져버리는 일도 많았다. 정신없이 미꾸라지를 잡다 보면 몸이 빠지고 허우적대다 보면 블랙홀처럼 점점 깊은 수렁에 빨려 들어갔다. 온몸이 후끈 달아오르고 공포에 떨기도 했지만 간신히 빠져나오곤 했다.

그런 위기 속에서도 끝까지 포기하지 않았던 것은 절실한 삶 때문이었을 것이다. 배고픔이나 땀과 눈물이 뒤엉킨 생존의 절박함이 나를 지탱했다. 땅은 그렇게 많은 것을 품고 있다. 지나간 시간과 현재의 변화된 모습을 위시해서 거쳐 간 사람들의 발자취와 사연이 모두 고스란히 새겨져 있다. 그런 까닭에 진흙땅은 살아 있는 생명의 땅이라 할 수 있다.

척박한 환경은 오히려 천혜의 자연경관을 만든다. 다랑논은 흙냄새를 머금고 계절에 따라 색과 맛을 달리하며 변화한다. 어린아이의 눈빛처럼 초록의 새싹은 새로운 출발점을 그려주고 땀 흘리는 젊은 농사꾼에겐 푸른 희망의 상징이 되어준다. 붉게 물든 서산마루의 황혼녘 그 풍경은 무채색 삶에 따뜻한 색채를 입혀준다.

곡선으로 이루어진 다랑논은 결국 오갈 데 없는 천수답일 뿐이다. 하늘만 바라보며 바람과 새소리 속에서 무료한 일상을 되풀이한다. 논둑을 직선으로 정리하고 싶어도 자연은 곧지 않다. 하지만 '굽은 나무가 선산을 지킨다.'라는 속담처럼 굽은 논둑은 사람의 관계처럼 유연함과 조화를 상징한다.

신종 코로나바이러스 감염증으로 전 세계가 신음하는 이 시기이다. 각자 자리에서 최선을 다하는 자세가 그 어느 때보다 중요하다. 움츠러든 마음을 활짝 펴고 다랑논처럼 굽이굽이 이어지는 삶의 궤적 위에 새로운 희망을 그려 본다.

2021년 08월 17일

노송처럼, A 님처럼

_외로움과 존엄을 껴안는 삶의 기품

햇무리 속으로 언뜻언뜻 떠오르는 태양이 황홀한 겨울 아침이다. 완벽한 무지갯빛의 동그라미를 그리며 아름답게 대지를 열어주고 있다. 겨울밤을 달래려고 밀고 당기고 하던 냉기도 햇무리의 힘에 눌려 서서히 밀려나고 있다. 붉은 햇무리를 길게 드리울 때 수수백년 그 자리를 지켜온 한 그루 거송(巨松)의 솔잎에 생명의 숨소리와 영혼이 용트림했다. 외롭지도 않은가, 왜! 혼자일까? 밤의 그림자가 얼굴을 가려졌던 노송(老松)이 햇무리에 놀라 서둘러 기지개를 켜고 향기를 뿜어낼 무렵인 새벽에 어김없이 산으로 오르곤 했다.

산길은 양탄자 길이다. 겨울철에 나무는 체온을 유지하기 위해 자기의 몸을 비우기 시작했다. 나무에서 떨구어진 낙엽은 바람에 뒹굴다가 삶의 보금자리가 되어주기도 하고 싸늘한 대지를 덮어 생명체의 체온을 불어주기도 했다. 나뭇잎이 바닥에 깔린 양탄자 길은 산을 오르내리는 발걸음을 더욱 가볍게 하기도 했다. 신이 나서 발걸음 재촉하다가 가쁜 숨을 가다듬고 돌리기 위해 하늘을 바라본다. 참나무는 무리를 지어 앙상한 뼈대만 남긴 자태이다. 그런가 하면 노송은 외부의 세력을 막아내기 위해 철갑을 두른 것 같은 두꺼운 껍질로 추위를 힘겹게 막아내고 있다. '그런데 노송은 왜 독야청청 그 자리를 지키고 있을까? 자연의 섭리에 동화되어 가는 천이(遷移) 현상이 아닐까?'라는 생각을 해본다.

천이 현상은 사전적 의미는 "어떤 군집이 다른 군집으로 변해가는 현상"이라고 한다. 서식환경과 성장 특성이 다른 나무들은 씨앗이 싹이 되어 함께 자라 오지 않았을까? 자연의 섭리를 받아들이고 물과 햇볕도 함께 나누면서 지내 왔다. 소나무는 수많은 솔잎으로 찌르고, 참나무는 넓은 잎이 방패로 해서 싸우기도 했는지 대부분 산에는 고르지 않는 군락을 형성하고 있다. 소나무와 참나무는 똑같이 햇볕을 좋아하는 양수(陽樹)로써 한쪽이 우위를 보이게 되면 다른 한쪽은 무너지게 된다고 한다. 생명체가 군락을 이루고 살아가는 방법을 자연 이치에서 배워야 하지 않을까. 신종 코로나바이러스 감염증(코로나19)의 폐해를 겪으면서 그런 생각이 더욱 절실해진다. 이런 정황에서 원로이시며 이 시대의 전형적인 지성의 사표(師表) 같은 A 님의 얘기가 귓전에 맴돈다.

스마트폰이 도입되면서 사람들이 길을 오가면서 서로 주고받는 문자 메시지를 통한 소통을 지켜보면서 A 님이 지나가는 말로 툭 던졌다. "신비롭기도 하고 다른 문화가 지배하는 행성에 불시착한 것 같다."라면서 "나도 스마트폰을 구입하면 저렇게 활용할 수 있을까?"라고 말했다. 아마도 "사용할 수 있지 않을까요?"라고 대답했다.

얼마 후 A 님이 스마트폰을 장만해 사용하고 있었다. 요즘 코로나19 여파로 사람들과 접촉을 피하려는 경향이 심해지는가 하면 사회적 거리 두기 등으로 활동이 많이 줄어들었다. 이런 연유로 온라인으로 물건을 구입하는 경우가 부쩍 늘어났다. 아울러 언택트 문화가 활성화하는 사회로 개편되고 있다. "요즘 늦었지만 스마트폰 사용방법을 배워가면서 생활하는 것이 만족스럽기도 하다."라는 A 님의 얼굴에서 보이는 지루각화증(age spot)이 왠지 크게 클로즈업(close-up) 되면서 공연히 마음이 먹먹해졌다.

바스락거리는 낙엽이 바람에 이리저리 나부끼며 휘날리고 있었다. 멀리 보이는 높은 건물들이 저만치 발아래 아득히 아른거렸다. 바로 앞의 거대한 바위는 무채처럼 칼집이 나 있다. 그 틈새에도 구부정한 노송은 자기 몸을 생채기 내며 바위와 힘겨루기하고 있었다. 이른 아침 새 한 마리가 날개를 펴고 노송을 감싸 안고 맴도는 광경과 스마트폰 액정을 두드리고 있는 A 님의 모습이 언뜻언뜻 오버랩(overlap) 됨을 왜일까.

원래 노송은 한 그루가 아니었지 싶다. 그 옛날엔 숲이었기에 주위와 종횡으로 연결하면서 소통하며 어울렸을 것이다. 그렇게 어우러져 맞거나 쬐었던 바람과 햇볕이 노송의 줄기와 가지를 만들어졌지만 어떤 연유로 친구들을 시나브로 잃으며 세월이 흘러 오늘처럼 외톨이가 되어 독야청청하는 처지가 되었을 법하다. 그래도 외로운 노송은 오고 가는 뭇 생명의 휴식처가 되어주기도 하고 보금자리가 되기도 했다. 또한 거센 바람이 생채기를 내도 따스하게 품어주고 하늘이 무너질 듯 낮게 내려앉은 무거운 먹구름도 포근히 잠재워주기도 했다. 온갖 풍상을 묵묵히 감싸며 노송은 과거와 미래를 넘나들며 지나온 기억들이 땅속과 땅 위로 뻗어 나갔으리라. A 님이 이런 노송을 조우하신다면 과거와 현실 그리고 미래를 외롭게 지켜가고 있는 현실을 어떻게 받아들일까?

그는 오랫동안 언론사 기자로서 활동해 왔단다. 아니 평생을 언론인으로 살아가고 있다 해도 과언이 아니다. 지금도 미디어 광고 영업을 하고 있다. 그는 노송 같은 삶을 살아가지 않나 싶다. 내년이면 미수(米壽)임에도 왕성하게 활동하고 있다. 스마트폰으로 좋은 글을 수시로 보내주는 것을 볼 때 생명체의 군락을 형성하기 위한 것일까? 아니면 생채기를 당하면서 살아가는 방법을 일깨워 주는 것일까?

토질에 따라 잘 적응하는 나무가 다르다. 알칼리성 토질에는 참나무가 잘 자라고, 소나무가 번성하는 토질은 산성화된 토양이다. 소나무는 병치레를 많이 하고 원목 사용처도 한정되어 있다. 이에 비해 참나무는 표고버섯 재배에 사용됨으로써 경제적 수종으로 평가받기도 한다. 나무에 대해 이런저런 생각에 빠졌다가 불현듯 그에 대해 생각이 미쳤다. 평소 그의 성품을 지켜보면서 집의 대들보처럼 쓰이는 재목으로 살아오셨으리라는 생각에 이르렀다. 왜냐하면 그는 텅 빈 산야를 지키는 노송처럼 토질이나 자리를 따지지 않고 몸을 낮추고 겸손하게 살아온 이력이 여기저기에서 빛나기 때문이다.

누구나 한 번쯤은 현실에 소나무처럼 외롭게 서 있는 처지가 되어보지 않은 사람은 없을 것이다. 나 역시 현실에 공생공존했다고 생각되지만 돌아보면 삶의 굽이굽이에서 생채기가 생기지 않을 수 없었던 피치 못할 경우가 더러 있었던 것으로 생각된다. 어쩌면 지존처럼 살아오셨을 그분 역시 짧지 않은 세월 속절없이 밀려들었다가 빠져나가는 밀물과 썰물에 삶의 흔적이 지워지고 그려지기가 반복되었지 싶다. 그분은 세상을 붓끝으로 그리고 고발하는 기자 생활로 시작해서 황혼에 이르러 굳은 손가락으로 스마트폰을 통해 세상과 어울려 소통하면서 삶을 즐기고 있다. 또한 노년에 이르러 자신을 더 엄격히 담금질하면서 새로운 세상에 굴하거나 포기하지 않고 하루하루를 투사처럼 살아가신다. 그렇게 만만찮은 새로운 문화가 몰아쳐도 끄떡하지 않고 세파의 파고를 슬기롭게 넘나들고 있다.

갑자기 외로운 노송 한 그루가 스마트폰에 날아온다. 잠시 눈을 감고 노송을 그려본다. A 님이 보내올 글을 기다리는 중이다.

2022년 03월 13일

미로의 철관(鐵棺)

항일 구국 열사 권오설 님은 살아 있는 것 같았다. 투명한 공간에서 손짓했다. 갓 태어난 아이 잠자듯 조용하다. 누군가 건드리면 즉시 깨어날 모습으로 숨소리도 없이 가지런한 공간 안에서 얕은 잠에 취해 미세한 바람 소리라도 일면 금세 일어날 기세이다. 그런 자태로 통한의 세월을 보내셨으리라는 생각에 잠겼다가 지난 질곡의 역사가 떠올라 울컥해진 가슴을 진정시켜야 했다.

이상화 기념사업회의 문화탐방 일정에 동참해 찾아간 곳이 경상북도 독립운동 기념관이었다. 소장된 문화재와 역사적인 사실들이 형상화되어 있다. 그들 중에 철관 앞에서 절로 발걸음이 멈춰졌다. 정면의 벽에 "6·10만세 운동의 주역 권오설 철관에 갇히다."라는 글씨가 선명했다. 붉게 녹이 슬어 금세 바스러져 내릴 것 같은 철관이었다. 철은 산소와 결합하면서 흑색에서 시작해 녹색으로 변하고 적갈색을 나타내며 자연스럽게 조화를 이루어 낸다. 세 가지 색이 어우러진 철의 이미

지를 덧씌우기 위해 철관을 했을까?

항일 구국 열사 권오설 선생에 대한 대강이다. 민족의 독립을 위해 몸 바친 님은 1897년 안동 가일마을에서 권술조 님의 장남으로 태어났다. 1926년 6·10만세 운동을 순종의 장례식에 맞춰 일제에 저항하는 대대적인 운동으로 기획하기도 했다. 그런데 애통하게도 거사를 불과 3일 앞두고 6월 7일 일제 경찰에 체포됐다. 당시 일본은 3·1운동 저항의 경험을 겪었던 터라 조선인들에 대한 매우 과민하고 지나치게 대응했다. 서대문형무소에 갇혀 7년형을 받고 복역 중에 1930년 4월 17일 34년이라는 생을 접고 옥사했다. 일제의 고문으로 온몸이 피멍으로 얼룩진 채 이승을 하직하면서도 애오라지 나라만을 생각하셨으리라. 이런 맥락에서 자신의 우국충정 정신이 들불처럼 전국 방방곡곡으로 번져 나가 잃어버린 국권이 회복되는 독립을 염원하며 저승으로 떠나셨을 것이다.

천추의 한을 품고 이승을 하직하는 자식에 대한 진한 아버지의 절절한 마음의 단면이 담긴 흔적이다. 아들의 주검에서 모진 고문의 흔적을 확인하는 순간 참혹함에 소리 내어 통곡할 수도 없어 마른 눈물을 흘리며 울분을 삼켰다는 전언이다. 일제는 장례도 치르지 못하게 방해했을 뿐 아니라 조선인들이 모일까 두려워 선생의 시체를 철관에 넣고 열지 못하도록 용접하는 만행을 저질렀다고 한다. 무력으로 육체는 형체를 알아볼 수 없도록 할 수 있다. 하지만 민족의 정신과 영혼은 막지 못했다. 옥중으로 보낸 아버지의 간절한 제문 일부분의 내용이다. "너의 밝은 혼령은 나를 따라왔느냐, 마루에 있느냐, 뜰에 있느냐, 어느 높은 곳으로 갔느냐. 네가 나에게 말하고자 하는 것이 어찌 끝이 있겠으며 나도 너에게 말하고자 하는 것이 가슴속에 가득하다. 네가 말하고 싶은 것은 다음 생의 구천에서 서로 만나는 날을 기다려다오."라고 자식을 가슴속에 묻는 참척(慘慽)의 애통한 심정을 토로하고 있다.

어둠 속에서 꿈을 놓지 않고 있었다. 어두컴컴한 감옥 속에서 꿈도 희망도 모두 빼앗으려 형언키 어려운 온갖 악행이 거듭 자행되었으리라. 그러면서 몸에 실오라기 하나 걸치지 못하게 벌거벗기고 살인적이 고문과 탄압으로 조직의 비밀을 토해내게 했었단다. 그럼에도 끝끝내 항거하면서 입을 열지 않았다고 전해진다. 고문으로 맺힌 자리에 밤하늘 희망의 별자리를 하나하나 그려가며 이겨내고 있었으리라. 잠시나마 꿈속을 그릴 때는 누구의 탄압에서도 구애받거나 속박당하지 않는 행복한 시간이 되기도 했다고 한다. 좌절하지 않았고 늘 긍정적인 생각으로 매사에 일희일비하지 않으며 고뇌를 밖으로 드러내지도 않았던 것 같다. 비결이 뭘까? 힘든 티를 안 낸 건지 실제로 그런 좌절을 안 느낀 건지는 정확히 모른다. 하지만 아마도 안 느꼈을 가능성이 더 크다. 시계가 없다고 초조함과 조급함이 없겠는가! 나뭇잎이 떨어진다고 가는 세월을 잡을 수 있는가. 그곳은 어둠 속 자신을 숨기는 은신처라고 지내 왔을 것이다.

적갈색 철관은 세월의 흔적을 웅변해 주고 있다. 선생은 불과 이십 대에 항일 구국 열사 운동을 했었다. 그러면서 독립된 나라를 꿈꾸고 움직이길 원했었다. 이제는 젊은 세대들이 만들어가는 세상을 만들었으면 하는 것이다. 젊은 정신과 생각들이 아이러니하게 없어져 가고 있다. 신채호 선생의 "역사를 잊은 민족은 미래가 없다."라는 말이 새삼 새롭게 들린다. 철관의 역사적인 사실과 질곡 많은 인생을 살아오신 분의 메아리가 등대 불빛처럼 퍼져가길 기원할 따름이다.

역사는 떠나보내는 것이 숙명이다. 아픈 가슴으로 긴 세월을 사는 우리의 현실이다. 그런 때문에 서로가 보듬고 다독이며 위안을 건네고 위로해야 하지 않을까. 질곡의 역사에 고초를 겪다가 먼저 가신 분들에게는 혈육의 정을 기억해야 할 것이다. 아울러 아직 상처를 안고 동행하고 있는 이들에게도 따스한 사랑의 손길을 보내는 게 도리이다. 지나온 아픈 역사는 너와 나의 잘못이 아니기에 서로 배려하고 용서하며 공존하는 정신이 전제되어야 하기 때문이라는 이유에서이다.

우리가 격동의 모진 세월을 견뎌내며 걸어온 길은 좁고 굽은 길이다. 조국의 독립을 위해 먼 타지에서 걸었던 길은 숭고한 정신과 염원이 담겨 있다. 또한 젊은 열기와 패기로 나라 잃은 설움과 울분을 가슴속에 새겼으리라. 그 한 걸음 한 걸음에는 개개인의 피와 땀이 아로새겨진 역사의 흔적이 살아 숨 쉴 것이다. 넘어지고 또 넘어져도 포기하지 않는 생존의 길이었기에.

이 계절이 되면 길가의 억새도 고개를 숙인다. 길을 걸어가면서 역사를 되새겨본다. 억새들도 흑색에서 계절의 고개를 넘어가며 은색 물결로 발하고 있다. 그 들이 꿈꾸는 세상은 어떤 모습이었을까. 지금의 모습을 보면 무슨 생각을 할 것인가. 스치듯 지나가는 바람에 흔들리는 억새에서 세월의 흔적이 전해진다. 자연의 그대로 살아 숨 쉬는 아름다운 길을 걸어간다. 길모퉁이에 쌓여있는 낙엽이 초겨울바람에 이리저리 흩날린다.

2022년 12월 19일

공든 굴뚝
_피어오른 삶의 연기

긴 산허리를 기대고 서 있는 굴뚝 하나가 있다. 주변을 감싸는 연기는 이내 바람에 흩날리며 자취 없이 사라진다. 그 굴뚝은 자신의 몸속을 끊임없이 비워내며 산줄기에 따스한 체온을 불어넣었고 그렇게 생명과 상생을 꿈꾸며 의연하게 버텨온 세월의 흔적을 간직하고 있다. 그러나 그 고달팠던 인고의 시간이 너무 버거웠던 것일까. 이제는 초라하게 퇴락한 채 산골짜기 속 자연의 한 부분처럼 다소곳이 모습을 감추고 있다. 그런 자태가 왠지 모르게 안쓰럽게 느껴진다.

산 중턱에 고즈넉한 풍경 속에 자리한 사찰은 너무도 고요해 오히려 쓸쓸하고 외롭게 느껴질 정도였다. 한려해상 국립공원의 수려한 자연을 끼고 있는 경남 고성군 무이산과 수태산 자락에 위치한 문수암과 보현암을 찾았다. 보현암의 산기슭에는 사찰 한 채와 함께 우뚝 솟은 굴뚝이 탐방객을 맞이하고 있었다. 그 굴뚝은 직사각형 모양을 겹겹이 쌓아 올린 구조였다. 공을 들여 다듬은 공든 탑처럼 정성을 다해 축조된 형상이었다. 어쩌면 부처님의 가피가 더 찬란히 빛을 발하길 바라는 마음으로 세워졌던 것은 아니었을까. 주변을 둘러보니 오랜 세월 풍파에 견딘 나무와 돌 그리고 산바람과 골바람에 휘몰아쳐 일어난 구름과 잡초들까지도 부처님의 자비로 감싸안고 있는 듯한 풍경이었다.

모든 존재는 인연 속에서 살아간다. 무이산(武夷山)과 수태산(秀泰山) 자락에 터를 잡은 문수암은 706년 성덕왕 5년에 의상대사가 창건한 고찰이며 보현암은 그 뒤를 이어 세워졌다. 특히 무이산은 삼국시대부터 해동의 명승지로 알려져 있으며 화랑들의 수련장으로도 이름을 떨쳤다. 무이산은 오랜 세월 동안 고요히 간직해온 향기 같은 곳이다. 보현암을 찾아오는 모든 이들이 이곳에 가득한 부처님의 자비를 가슴에 담고 돌아가는 은총을 받았으면 좋겠다는 생각을 해봤다.

자신을 비워야 메아리가 울린다. 산 능선에는 봄바람에 실린 풍경의 메아리가 음률처럼 높고 낮은 소리를 내며 퍼지고 있었다. 산 정상에서는 하늘을 향해 도열한 나뭇가지들이 용트림하듯 절경을 이루고 있다. 한편 골짜기 아래에는 부처님의 지혜와 깨달음이 깊숙이 잠들어 있는 듯한 고요함이 흘렀다. 오랜 세월 동안 세상과 숨결을 나누던 보현암의 굴뚝은 지금은 어느 골짜기에 묻혀 있는지 알 수 없을뿐더러 아무도 반겨주지 않는 자리에 외롭게 서 있었다. 나는 산골짜기의 메아리 소리와 쓸쓸히 선 굴뚝을 떠올리며 오래된 기억 속 추억한 조각이 아스라이 되살아났다.

산에는 오르막이 있으면 반드시 내리막이 따르게 마련이다. 이는 자연의 섭리이자 인생의 이치이기도 하다. 1970년대 산업화 바람 속에서 경제는 고도성장을 이루었고 중소기업들은 경쟁하듯 창업과 확장을 거듭했다. 그러나 1997년에 외환위기로 경제위기가 닥치며 많은 기업이 파산하거나 문을 닫았다.

그 당시 이따금 안부를 전하고 지내던 지인을 만났다. 그는 부친이 운영하던 섬유업을 물려받은 실업가였다. 그는 외환위기를 견디지 못하고 결국 파산한 뒤 시골로 이사를 했다고 했다. 요즘은 가정 형편이 어려워 쌀조차 떨어졌다는 그의 말에 나는 충격을 받았다. 그와 헤어지면서 인근 정미소에서 쌀 한 가마를 구입해 그의 찌그러진 차량에 실어주며 기껏해야 "힘내시라."는 말밖에 건넬 수 없었다. 그가 마지막으로 남긴 말이 아직도 기억에 남는다. "시간 나면 시골집에 한 번 오라."고 말이다.

얼마 후 그의 집을 찾았다. 덩그러니 선 고택은 허물어질 듯 을씨년스러웠지만, 한겨울의 따스한 보금자리가 되어 있었다. 뒤뜰에는 대나무 울타리가 있었고 처마 끝에는 굵은 대나무 통 굴뚝에 거미줄처럼 검은 덩어리가 주렁주렁 매달려 있었지만 여전히 굴뚝 역할을 하고 있었다. 문득 대나무 위에 새 한 마리가 앉았다 날아가고 흔들리던 나무가 다시 제자리로 돌아갔다. 그 광경을 보면서 그 역시 지금은 힘겹지만 언젠가는 다시 일어설 수 있으리라는 희망을 품게 되었다. 대나무 사이로 연기가 실낱같이 피어올라 산지사방으로 흩어지는 모습은 무척 한가롭고 평화로웠다.

한겨울임에도 날씨는 유난히 따뜻했다. 그는 지푸라기 더미를 풀어헤치며 연신 아궁이에 불을 지폈다. 아궁이는 집 앞 처마 끝자락에 있었고 눈이나 비가 올 땐 겨우 입구만을 피할 수 있는 형편이었다. 지푸라기는 고무풍선처럼 부풀어 오르며 후루룩 타올랐다. 그는 "연기가 굴뚝으로 빠져나가지 않고 오히려 아궁이 방향으로 역류한다."라며, "방바닥도 아궁이 쪽만 따뜻하다."라고 푸념했다. 그러기에 겨울밤이면 가족들이 아궁이 가까운 방 아랫목에 옹기종기 모여 잠을 잔다고 했다.

화살은 많이 휘어질수록 멀리 날아간다. 고난과 시련은 새로운 도전을 위한 시작이라는 생각이 스쳐 갔다. 시골에서 자라온 나는 아궁이와 온돌방 구들의 구조와 원리를 일찍이 익히고 있었다. 나무나 농작물 부산물로 불을 지피던 시절 어른들이 구들을 놓는 과정이나 굴뚝을 청소하는 모습은 어린 나에게는 신기한 광경이었다. 특히 대나무에 볏짚을 둘둘 감아 만든 굴뚝 쑤시개는 어린 손으로 돕기에도 즐거운 일이었다. 구들 속 '고래*'에 그을음이 눌어붙어 막히면 그것은 마치 '동맥경화'와도 같은 증상이다. 그럴 때 굴뚝을 청소하면 막힌 길이 뚫리고 다시 불길이 잘 통했다.

굴뚝 청소의 원리는 단순하다. 굴뚝 아래쪽에 구멍을 뚫고 나무막대기로 만든 쑤시개를 밀어 넣고 빼기를 여러 차례 반복하면 어느새 '깜정'이 떨어져 나가듯 체증이 사라진다. 마치 배가 아픈 손자에게 할머니가 손으로 배를 쓸어주면 통증이 사라지는 것처럼 말이다. 외환위기로 삶이 막혀 있던 그 역시 굴뚝 연기처럼 시름을 허공에 날려 보낼 수 있는 시간이 다가오기를 바랐다.

보현암 굴뚝 너머로 흰 구름이 감돌기 시작했다. 멀리서 바라보면 그 모습은 마치 하얀 연꽃처럼 피어난 듯 보였다. 굴뚝 윗부분에 있는 '연가*'가 비를 막아주듯이 그 굴뚝은 처음부터 자비의 공덕을 쌓고 베풀기 위해 지어진 것이 아닐까. 삶을 하나하나 쌓아 올려 마침내 자신만의 공든 탑을 이룬 지인의 모습이 떠올랐다. 처마 끝에 매달린 굴뚝 위로 대나무 꽃이 피어오른 듯한 상상을 해본다. 그 속에서 그의 고달픈 삶과 겹겹이 쌓아 올린 인생의 탑이 연기와 어우러져 피어오르고 있었다. 나 역시 소중함과 행복을 찾아 대자연에 몸을 맡긴다.

======

* 고래 : 방바닥의 연기와 열기의 통로

* 연가 : 굴뚝 맨 윗부분에 씌워 비가 들어가는 것을 방지하기 위해 만든 삿갓 모양이다.

2023년 03월 13일

비슬산의 봄, 참꽃에 물들다
_연분홍 그리움과 삶의 흔적이 깃든 길에서

봄 기운이 온 누리에 가득한 소생의 계절이다. 나뭇가지들은 불그레한 연록의 야들야들한 잎을 달고 키재기 하듯 봄바람에 하늘거리고 있었다. 나뭇잎에 손을 펼치니 신기루처럼 사라지기도 한다. 이른 아침인데도 주차장에는 등산객들의 아웃도어(outdoor)의 다양한 색상과 무늬가 이른 봄의 정경과 썩 잘 어울리는 찰떡궁합이다. 싱그럽게 돋아나는 새싹이나 봄꽃과 등산객들의 다채로운 차림이 어울려 벌 나비들을 유혹하고도 남지 싶은 분위기를 연출하는 것 같은 착각이 들었다.

오늘 대구의 달성에 소재한 비슬산(琵瑟山)을 찾았는데 '비슬산 참꽃 문화재 축제 행사 기간을 홍보하는 현수막과 배너(banner)' 등이 여기저기에 걸려있어 축제 분위기가 물씬 풍겼다. 특별히 날을 잡아 산행에 나선 것도 아닌데 축제 행사 기간에 찾게 되어 가슴속에 꽃 그림을 새기게 되었으니 이 또한 축복이지 싶었다. 신종 코로나바이러스 감염증(코로나19)

때문에 4년 동안 이 행사를 개최하지 못했단다. 급할 것이 없었던 까닭에 느린 걸음으로 정상을 향했다. 등산로 양옆에는 참꽃 시화 액자가 줄줄이 전시되어 있어 비슬산과 참꽃의 사계(四界)를 감상하는 호사를 만끽했다. 아직은 이라고 생각했었는데 어느새 봄바람이 코끝을 간질이며 노래하고 있었다. 또한 길목 먹거리를 파는 가게에서는 비슬산의 토속적인 진달래 화전이나 진달래 떡을 위시해서 진달래 감주 등으로 축제의 분위기를 한껏 자랑하고 있었다.

그런데 같은 비슬산인데도 고도의 차이에 따라 일반 상식에 맞지 않는 특이한 현상이 나타났음을 발견했다. 산 아래쪽에 자리한 소재사(消災寺) 돌계단에는 색깔이 진한 철쭉이 흐드러지게 피어 있었다. 그런데 산 위쪽에 자리한 분지엔 참꽃(진달래)이 만개해 있었다. 일반적으로 참꽃이 지고 나서 한참 후에 철쭉이 피게 마련인데도 불구하고 신기하게도 같은 시기에 비슬산 아래쪽에는 철쭉이 정상 쪽 분지엔 참꽃이 만개해 무척 놀랐다.

계곡에는 희뿌연 안개가 피었다. 휘적휘적 걷다 보니 화려한 연분홍으로 단장한 철쭉이 내방 하는 등산객을 맞이하고 있었다. 소재사에 들어서는 돌계단을 따라 핀 철쭉이 발을 붙들고 놔주지 않았다. 철쭉꽃은 늦은 봄에 피고 끈적거리는 독성을 갖고 있어 적응력이 뛰어나다 보니 오랫동안 피어 청춘의 꽃이 아닌가 하는 엉뚱한 생각해 봤다. 등산로 가장자리에 줄지어 화려하게 피어 있었다. 꽃은 가운데 점박이 무늬와 꽃받침을 이루고 있고 잎은 푸른색으로 감싸고 있어 날아갈 듯, 터질 듯한 모습의 자태는 신비롭기도 하다. 꽃은 잎이 먼저 피고 꽃망울이 피어나 서로가 의지하며 살아가고 있다.

잎이 피고 진 개나리꽃의 발자국을 따라나섰다. 늦은 봄 청춘의 꽃인 철쭉도 힘든 줄 모르고 오르막으로 나서 따라가고 있었다. 한참을 오르다 보니 대견봉에 다다랐다. 멀리 보이는 천왕봉이 쪽빛 안개구름 속에 허공에 모습을 드러내고 있었다. 이른 봄에 핀다는 참꽃은 넓은 분지에 해거름 같은 모습으로 하고 있었다. 분지의 참꽃은 아직 우리의 삶 속에 익어가는 군락지를 형성하고 있었다. 대견봉과 천왕봉 두 봉우리는 마치 파수꾼 역할을 하는 것 같았다. 한 손으로는 대견봉을 또 한 손은 천왕봉을 들고 두 발을 고추 세우고 안개구름 위로 올려본다. 그 속은 우주의 또 다른 행성이 떨어진 모습 같은 분지를 형성하고 있다.

꽃바람 부는 봄이면 꽃망울이 달린 참꽃이 눈에 밟힌다. 어린 시절의 회상이다. 보릿고개 무렵에 이르면 배고픔을 달래기 위해 먹거리를 찾아 헤매던 기억이 아련하다. 참꽃은 집에서 논과 들판을 지나서 한참 동안 산으로 들어가면 양지바른 비탈진 계곡에 드문드문한 군락을 이뤄 피어 있었다. 그런데 왠지 모르지만 묘지 부근에 유난히도 많이 피어 있었다. 참꽃을 꺾으러 갈 때는 항상 동네 아이들과 어울려서 갔다. 늦은 오후 배가 고파오기 시작할 때 허기진 배를 채우는데 그를 대신할 마땅한 간식거리가 없었다. 그런 때문이었을 게다. 우리는 참꽃 군락지에 도착하면 연분홍 꽃잎이 입으로 들어가는지 코로 들어가는지 모를 정도로 정신없이 따 먹었다.

허겁지겁 진달래 꽃잎을 따먹다가 번뜩 정신이 들어 허리를 펴고 고개를 들어보면 해거름에 산야가 붉게 물든 저녁노을 무렵이었다. 정신없이 따먹은 꽃잎으로 친구들 얼굴에는 묘한 자국이 남아 있었다. 그럴 때면 누가 먼저랄 것도 없이 장난기가 발동되어 손에 묻은 꽃물을 서로의 얼굴에 문지르며 신바람이 났었다. 양팔을 펼쳐 분지를 양껏 안아 보다가 '왜 여기에 참꽃 군락지가 형성되었을까!'라는 생뚱맞은 생각에 빠지기도 했다.

군락지의 참꽃은 봄바람에 흔들리며 돌아가는 우리에게 길을 내주고 있었다. 절벽 끝에 위태롭게 매달린 대견사(大見寺) 석탑 위에 구름이 하얀 꽃처럼 매달려 있었다. 산노을의 무게가 버거운지 하얀 꽃은 고개를 숙이고, 대견사 추녀의 은은한 풍경 소리는 오가는 탐방객들의 삶의 방향을 인도하는 구도자처럼 느껴졌다. 아니! 비바람이 불면 천둥 번개 치는 소리처럼 온 누리에 메아리로 울려 퍼지는 듯했다. 얼마나 많은 불자가 갖가지 사연을 안고 법당 문지방을 넘나들었으면 명경 같을까? 이런저런 생각에 잠겨 있을 때 꽤 연륜있어 뵈는 보살 한 분이 합장하고 법당 안으로 들어서고 있었다.

대견사 용마루에도 꽃같은 구름이 붉은 노을 타고 있었다. 딱따구리 한 마리가 ‘딱~ 딱~’, ‘딱~ 딱~’ 소리를 내며 나무에 달라붙어 있었다. 붉은 배 오색딱따구리는 봄에는 수액을 먹고 살며 다른 계절에는 나무껍질 속의 애벌레와 곤충을 잡아먹는다고 한다. 머리는 연분홍으로 단장하고, 배에는 연한 갈색 옷을 걸치고, 등에는 검은 무늬에 흰색의 도포를 두르고 수액을 핥는 중이었다. 대견사의 물고기도 딱따구리 소리에 깨어나 자욱한 안개 속을 헤엄치고 있었다.

생명이 소생하는 봄날의 해거름 비슬산에도 붉은 노을이 곱게 물들어가고 있었다. 화려한 연분홍 철쭉꽃과 질기고 순수한 참꽃과 하얗게 핀 대견사 석탑의 꽃들도 희망과 꿈의 봄을 노래하며 연록의 피안을 향해 바삐 달려가고 있었다.

2023년 04월 29일

마음의 등불

등불은 어둠 속에서만 보이는 것이 아니었다. 요즘 기후 변화로 날씨가 매우 요란해졌다. 게릴라처럼 여기저기에 기습적으로 쏟아붓는 물 폭탄의 피해 소식에 마음이 편치가 않다. 계절의 의미를 잊어버렸는지 날씨가 갈팡질팡하면서 제자리를 찾지 못하고 허둥대는 모양새이다. 검은 구름이 짙게 드리워진 낮이나 칠흑 같은 어둠이 깔린 밤을 막론하고 대중없이 내리는 미친 듯한 폭우가 허구한 날 반복한다. 또한 하늘 한 모퉁이로 물안개를 모두 쓸어 모아 양동이로 물을 쏟아붓듯 내리는 물 폭탄이 한편으로는 두렵기도 하다. 이렇게 종잡을 수 없이 변덕스러운 날씨지만 갑자기 내 손바닥에 흐르던 따스한 전율이 환한 마음의 등불같이 전신에 엔도르핀처럼 맴돌아 행복하고 훈훈했다.

건설업을 경영하는 관계로 잡다한 문제가 발생할 때마다 신축 건설 현장을 찾아가 직접 살펴보고 해결하곤 했었다. 그럴 때마다 "모든 답은 현장에 있다."라는 전문가들의 자서전이나 언론 등에서 지적해 주는 일깨움을 실감했다. 그런 마음에서 비롯되었을까. 언제부터인가 공사현장의 책임자인 A 님과 한 번씩 만나면 항상 누가 먼저라 할 것도 없이 내미는 손을 잡으면 따뜻한 마음이 전해오는 것을 느끼기 시작했다. 별 말 없이 서로의 손을 잡으면 진심이 전해진다. 현장 책임자인 그는 먼지 묻은 장갑을 벗으며 잡는 손에서 전해오는 순수한 영혼이 속삭이는 전율인가? 아니면 바람에 흙먼지 날리며 땀에 젖은 진솔함이 주는 감동의 울림인지도 모르겠다.

사람들은 세상이 부정적이며 위험하다고 말하기도 한다. 산업현장은 어둠이 드리워져 위험이 따르기도 하는 현실이다. 그럼에도 A 님과는 길고 무더운 여름날이면 시원한 얼음물로 갈증 해소하며 현장의 분위기를 다독이는 한편 안전을 꾀하고 덕담을 나누기도 했었다. 한편 추운 겨울이면 따뜻한 모닥불을 쬐며 추위를 견뎌내면서 마음을 주고받기도 했다. 원래 건설 현장의 일이라는 게 도저히 사무실 업무에 견줄 수 없다. 때에 따라서는 그믐처럼 칠흑같이 깜깜한 밤에 불을 밝히고 일을 하거나 여명이 밝아오기 전에 일을 시작해야 하는 경우도 허다하다. 그런 때문에 단 한 번도 날아 본 적 없는 새가 비상(飛翔)하는 위험을 무릅쓰듯 여태까지 경험하지 못했던 천야만야한 절벽을 올라가야 하는 것 같은 위험을 감수하기도 했다. 그렇게 힘들고 고독할 때면 A 님은 어김없이 다가와 손을 잡아주곤 한다. 거기에서 포근하게 전해오며 밝게 비춰 주는 진솔한 마음의 등불에서 A 님의 체온을 온새미로 느끼며 전율한다.

A 님의 나이는 이순(耳順) 중반쯤일 것으로 추측이 된다. 공자는 "이순이 넘어서면 천지 만물의 이치에 통달하고 듣는 대로 모두 이해할 수 있게 되었다."라고 일렀다. 그는 "몇 해 전부터인지 팔공산(八公山)의 갓바위 기슭 계곡에 집을 지어 전원생활을 하고 있다."라고 했다. 팔공산 갓바위 자락은 불교의 성지라고 할 정도로 여기저기 수많은 사찰을 만날 수 있다. 특히 팔공산 관봉석조여래좌상(八公山 冠峰石造如來坐像)은 해발 850m 고봉에 자리한 통일신라 시대의 석불좌상으로서 지성으로 기도드리면 누구나 한 가지 소원은 이루게 해준다는 속설이 전해지고 있다.

약사여래좌상은 갓 바위 부처님으로 더 잘 알려졌으며 팔공산 불교문화의 정수이다. 이런 성지에 터전을 잡고 살기 때문인지 간혹 A 님을 만나면 불교의 금강경(金剛經) 한 구절을 한 번씩 들려줬다. 그중에서도 지금 떠오르는 내용이다. "꼭 절에 가야지만 부처님이 계신 곳이 아니다. 집이 도량이고 회사도 도량이며 내가 있는 곳에 도량을 만들면 그것이 바로 득도하는 것이다."라고 들려줬다. 이런 맥락에서 부처님 기도의 가피가 단순히 절간에서만 이루어지는 것이 아니라는 이유에서 모든 일상생활의 터전이 법당이 아닌 곳이 없다는 얘기가 아닐까 싶다. 누구에게나 자비를 베풀면 모든 중생을 이롭게 돌아오는 것이 불가사의 힘을 부여해 주는 사랑의 등불이라는 것을 A 님을 통해서 깨닫게 되었다.

A 님의 뜨거운 가슴 한 모퉁이에는 사람의 등불은 피어나고 있다. 세찬 비바람이 불어오고 이따금 어마어마한 태풍이 날아와도 건설 현장의 안전을 비롯하여 건축물의 신축 과정에서 사건 사고 없이 지나가는 것은 A 님의 부처님 같은 공덕 때문이지 싶다. 세상에 티끌이 없는 것이 없으며 허공을 재고 바닷물을 맨다고 하여도 부처님의 공덕은 다 말로 표현할 수 없다는 것이다. 한 계단 한 계단 조각들이 다듬어 쌓을 때마다 가슴을 조이며 밤잠을 지새울 때도 있었다. 그래도 순조롭게 잘 진행되어 무사히 완공을 마쳤을 때는 우리의 땀과 정성이 자비의 사랑으로 가득했기에 가능했다고 생각된다.

사람들은 저마다 생각이 다를 뿐 아니라 삶의 방식도 생활환경에 따라 적합하게 순응하며 살아간다. 하지만 더불어 어우러져 살아가는 것이 쉽지 않은 것이 현실이기도 하다. 하나의 건물이 완성되기엔 수많은 공정과 회의 과정을 거치면서 보완해야 할 것과 문제점을 빈틈없이 파악해서 바꿔가야 한다. 건물의 대들보가 작은 개미구멍 하나 때문에 세월이 지나면 맥없이 무너져 내리기도 한다. 이런 관점에서 작은 모래알부터 시작해서 물과 나무 등의 성분을 위시해서 모든 재료의 성질을 세밀하게 분석하는 것은 기본적인 필요 충족조건이다. 그렇기에 작업은 모든 사람과 사람 사이의 신뢰가 전제되어야 가능하다. 그러므로 관계자들의 진솔한 마음과 마음이 제대로 소통되지 않으면 불가능하다. 그래서인지 A 님은 불교의 성지에 생활하는 것은 부처님의 자비를 베풀기 위해서인지 아니면 어두운 세상에 등불을 밝혀주기 위한 부처님의 뜻일까. 어찌 되었든 A 님은 부처님의 따뜻한 사랑과 인간적인 신뢰가 가득해 포근한 안식처를 가져다주기에 불심 돈독한 처사가 틀림없다.

2023년 07월 26일

은빛 파도를 품은 섬
_욕지도 고등어 이야기

청정한 욕지도 바다 위 원형 가두리 양식장은 쉴 틈 없이 꿈틀거렸다. 연이어 불어오는 바람결에 바다는 잔물결을 일으키며 출렁인다. 아직 동녘에 해가 떠오르지 않은 이른 새벽인데 검푸른 바다를 가르며 화살처럼 내달리는 어선들은 어디로 향하고 있을까. 어선들은 바다 물결을 따라 앞서거니 뒤서거니 하며 저마다의 일터를 향해 먼바다로 꼬리를 물고 줄지어 항구를 빠져나간다. 새벽안개를 뚫고 나아가는 이들의 목적지는 서로 달라도 품고 있는 꿈과 희망만큼은 모두가 닮았지 않을까.

초가을 아직 더위가 채 가시지 않은 날에 나는 경상남도 통영시의 욕지도(欲知島)를 찾았다. 섬 이름에 얽힌 이야기도 흥미롭다. 마치 거북이가 목욕하는 형상을 지닌 이 섬은 유배지로 사용되었던 역사에 따라 '욕된 삶을 살아온 섬'이라 하여 '욕지'라는 이름이 붙었다는 설이 있다. 또 다른 설은 불교 경전《화엄경 華嚴經》의 구절에 '생을 알고자 한다.'에서 유래

했다는 이야기도 있다. 남녘 끝자락에 자리한 따뜻한 섬에도 계절의 변화는 본토와 크게 다르지 않았다. 한여름의 푸르름은 점차 옅어지고 바다와 섬은 어느덧 가을빛으로 물들고 있었다.

욕지도는 단지 아담한 작은 섬이 아니라 마치 도시 하나를 통째로 옮겨놓은 듯한 인상을 준다. 나는 섬 특유의 고즈넉한 분위기를 즐기며 일주 도로를 따라 트레킹을 시작했다. 쪽빛 바다를 옆에 두고 걷다 보면 어느 곳에 서 있어도 마치 전망대에 올라선 듯한 절경이 펼쳐진다. 특히 도포항 해안 절벽이 바라다보이는 북쪽 전망대에 이르렀을 때 저 멀리 바다 위에 점점이 떠 있는 섬들은 저마다의 이야기를 간직한 존재처럼 다가와 가슴 깊이 감탄을 자아냈다.

이른 아침임에도 섬과 섬 사이를 분주하게 오가는 작은 어선들이 시야를 가득 채웠다. 그 주변에는 굴렁쇠를 엮어놓은 듯한 원형 가두리 양식장이 질서 있게 도열한 모습이었다. 누구나 어린 시절 한 번쯤 굴렁쇠를 굴려본 기억이 있으리라. 둥근 형태는 각진 것보다 더 부드럽고 따뜻한 느낌을 준다. 높은 곳에서 내려다보면 멀리 보이는 섬들의 윤곽과 그 안의 수목들조차도 동그랗게 투영되어 내 마음까지도 포근해진다. 원형이라는 형상에 마음을 빼앗기다 보면 나 또한 세상의 모진 세파에 깎이고 부딪히며 점차 둥글게 다듬어져 온 것은 아닐까 하는 상상에 젖었다. 섬 한편에 포근히 안긴 원형 가두리 양식장을 바라보며 문득 마음이 따뜻해지는 기분이 들었다.

함께 걷던 일행이 가두리 양식장을 바라보며 말했다.

"고등어 양식장은 역동적으로 유영하는 작은 우주 같아."

고등어는 성질이 급하고 예민해서 잡히는 즉시 죽어버리며 쉽게 상해 산패(酸敗)를 일으키기 쉬운 어종이다. 예로부터 "고등어는 살아 있을 때도 썩는다."라는 말이 있을 정도다. 이런 특성 때문에 여느 어종보다도 고등어 양식은 쉽지 않다. 고유의 생리적 특성과 자연조건 그리고 양식인의 정성과 끈기가 절묘하게 어우러져야 비로소 가능한 대단한 도전적인 일이기 때문이다.

거센 파도가 끊임없이 몰아치는 바다 위에 가두리 양식장을 설치하고 도전해온 어민들의 삶과 지혜를 잠시나마 헤아려보고 싶었다. 욕지도 해역은 해수의 온도나 해류와 수질 등이 고등어 양식에 최적화된 자연조건을 갖추고 있다. 지역 어민들은 대대로 물려받은 지식과 경험을 통해 이 천혜의 환경을 꿰뚫고 있었다. 그 결과 전국 최초로 고등어 양식에 성공할 수 있었다고 한다. 조상으로부터 전해진 지혜를 바탕으로 성급히 나서지 않고 마치 실타래를 한 올 한 올 풀어내듯 정성과 신중함으로 다듬어간 결과였다. 그들의 삶은 그래서 더욱 숭고하게 다가왔다.

양식 어민들은 파도 위를 이불 삼아 잠을 잔다. 밤이면 바다는 유려한 손길로 그들을 감싸고 그 고요함은 언제든 위태로운 불안으로 변할 수 있다. 파도가 거세지면 네트가 찢어지지 않을지 고등어들이 바다로 흩어지지는 않을지 하는 걱정이 어민들의 마음을 덮친다. 고등어 한 마리는 단순히 수익의 대상이 아니다. 그것은 어민들의 땀과 정성 그리고 삶의 희망이 담긴 존재다. 어둠 속에서도 그들의 귀는 바다를 향해 항상 열려 있다. 어민 한 분이 말했다.

"고등어는 우리 삶과 같다. 항상 바쁘게 움직이고 늘 새로움을 추구한다. 그래도 본질은 잃지 않잖아. 우리도 그렇게 살아야지."

그의 말에서 느껴진 것은 단순한 생업 이상의 철학과 자긍심이었다. 고등어 양식은 그에게 삶의 의미이며 존재의 이유였다.

햇살이 부드럽게 바다 위에 내려앉아 물결은 따스한 잠에 빠진 듯 고요해졌다. 욕지도는 그 햇살 속에서 고등어 양식장의 깊은 속을 들여다본다. 어민의 주름진 손이 네트를 건드리면 고등어는 은빛 반짝임으로 응답한다. 석양이 물러가고 별빛이 섬을 감싸기 시작하면 밤은 고요한 적막 속으로 스며든다. 삶이란 늘 예측할 수 없는 파도처럼 흘러간다. 욕지도의 사람들은 그 파도 속에서도 묵묵히 자신의 길을 걸어간다. 잔잔한 파도의 물결 위 굴렁쇠는 또 다른 여정을 시작한다. 고등어의 반짝임은 새벽을 밝히며 내 마음을 두드린다.

"그대로 멈춰 서지 말라. 바다를 건너는 여정은 아직 끝나지 않았다."

그 삶의 메시지는 내 가슴 깊숙이 스며들며 바다와 고등어, 그리고 어민들의 이야기를 따라 물결 위로 고요히 퍼져나간다.

2023년 10월 31일 화요일

사랑의 굴레

겨울이 저만치 물러가며 뒤꽁무니를 슬며시 감추고 있었다. 봄기운이 고드름을 녹이고 나뭇잎을 삼키듯 스며드는 봄바람은 북녘으로 겨울을 등 떠밀고 있었다. 아침저녁으로는 여전히 목도리와 두꺼운 잠바가 어색하지 않은 날씨였다. 하지만 어느새 계절은 천천히 봄의 문턱을 넘어가고 있었다.

그날 나는 우연히 안동 월영교 인근을 지나게 되면서 '원이엄마 테마길'을 잠시 걸었다. 아직은 겨울의 뒤끝이 채 가시지 않은 날이기에 그 길은 마치 지난 계절과 다가올 계절 사이를 잇는 회랑 같았다.

테마길 입구에는 노거수 한 그루가 겨울 자락을 두른 채 잔뜩 웅크린 모습으로 서 있었다. 오랜 세월을 견뎌온 나무의 거대한 몸체는 마치 삶의 무게를 온몸으로 받아내며 다시 찾아올 봄을 묵묵히 기다리고 있는 듯했다. 나뭇가지에는 아직 연초록 기운이 스미지 않았다. 그러나 뿌리 아래 어딘가에서는 분명 약동이 시작되고 있을 터였다.

길을 따라 걷다 보니 철망으로 세운 담장이 나타났다. 담장에는 "상사병 이외의 자물쇠는 다실 수 없습니다."라는 문구가 걸려있었다. 무수히 많은 자물쇠가 둥글게 엮여 있었다. 빨강, 노랑, 분홍, 파랑… 다양한 색의 자물쇠들이 서로 기대며 매달려 있었다. 그 하나하나에는 저마다의 사연이나 고백을 포함해 맹세가 새겨져 있을 법했다.

자물쇠의 형태도 모두 둥글었다. 각진 것보다 둥근 것이 왠지 더 다정하고 따뜻해 보였다. 그 둥글고 부드러운 형태는 테마길을 수놓는 감성의 상징처럼 다가왔다. '원이 엄마 테마길'을 이루는 이 둥근 장식들은 사랑이라는 이름으로 봉인된 사람들의 마음이 모여 만든 풍경이었다.

'원이 엄마의 사랑'은 이미 언론을 통해 널리 알려진 이야기다. 조선 선조 시절 임진왜란 전후의 어느 날 남편 이응태가 31세의 젊은 나이에 세상을 떠났다. 그의 무덤에서는 아내가 남편의 쾌유를 바라는 마음으로 머리카락과 삼을 엮어 만든 미투리 한 켤레와 편지가 함께 발견되었다. 이는 무려 412년의 세월을 뛰어넘어 세상에 알려졌다. 그 깊은 사랑의 온기와 절절함은 오늘날까지 사람들의 가슴을 울리고 있다.

그 이야기를 곱씹으며 길을 걷다 보니 어릴 적 기억이 떠올랐다. 그 시절엔 변변한 장난감 하나 없어 삼이나 짚으로 둥글게 말아 공을 만들어 축구를 하곤 했다. 낡은 고무신 한쪽에 새끼줄을 묶어 발에 동여매고 그 공을 찼는데 종종 신발이 공보다 더 멀리 날아가 버리곤 했다.

함께 뛰놀던 친구들도 이제는 저마다 삶의 길 위를 굴러가고 있겠지. 그때 둥글게 말아 만든 공처럼 실타래처럼 감겼던 유년의 기억도 어딘가에서 하나씩 풀려나가고 있을 것이다. 누구는 더 높이 날아가기도 하고 누구는 중심을 잃고 한쪽으로 굴러가기도 했을 터이다. 하지만 그 모두가 삶이라는 경기장의 외곽을 따라 한 바퀴를 돌고 마침내는 중심으로 돌아오는 길 위에 있는 것은 아닐까.

그날 월영교를 걸으며 나는 삶의 곡선을 보았다. 범종 소리가 울려 퍼지고 난 뒤에 소리가 멈추는 순간처럼 우리 인생도 언젠가는 멈추고 고요해지는 시간이 찾아온다. 그러나 그 고요함은 끝이 아니라 되돌아가는 시작점일 수 있다. 사랑도 그러하지 않을까. 사라지는 듯 보여도 되돌아오는 파문처럼 우리 마음 한편에 오래도록 남아 발효되고 숙성되어 간다.

철망에 매달린 수많은 자물쇠는 마치 커다란 원형 거미줄처럼 얽혀 있었다. 한 사람 한 사람의 마음이 그 자물쇠에 고이 담겨 봉인되어 있다. 이 자물쇠들은 장독 속 시간처럼 썩지도 흔들리지도 않은 채 발효되고 있었다. 사랑이라는 감정은 쉽게 날아가지 않는다. 시간이 흐를수록 더 깊어지고 더 그윽해진다.

형태는 다르지만, 그것들이 지닌 메시지는 닮아 있었다. 그것은 누군가를 간절히 그리워하는 마음, 잊지 않겠다는 다짐, 사랑을 붙잡고자 하는 절실함 등의 모든 감정이 원을 이루며 번져가고 이내 세상을 품는 듯한 울림이 되었다.

나는 생각했다. 과연 내 안의 사랑은 어떤 모양일까. 세월이 흘러도 바람이 불어도 잊히지 않고 발효되어 갈 수 있을까. 사랑이란 감정은 결국 어떤 형태로든 나를 감싸고 내 삶을 둥글게 이끌어주는 굴레가 아닐까.

이 세상 누구도 사랑의 굴레에서 자유로울 수 없다. 그 굴레는 때로는 따뜻하고 때로는 아프며 때로는 잊힌 듯 보이지만 결코 사라지지 않는다. 월영교의 철망에 매달린 자물쇠들은 우리가 품고 있는 사랑의 모양을, 삶의 원을 그리고 인간의 가장 보편적인 감정을 말없이 보여주고 있었다.

나는 그 길을 따라 천천히 걸으며 나의 굴레 또한 가만히 되새겨 보았다. 오늘도 또 다른 누군가는 자신의 마음을 자물쇠에 담아 걸어둘 것이다. 그렇게 이 테마길은 사랑의 굴레로 더욱 단단해지고, 더 오래 살아 숨 쉬게 될 것이다.

2024년 03월 19일

바위에 묻은 달빛

_분바위

백령도로 가는 길이다. 물결을 가르며 바다의 길과 사람의 길이 다정하게 휘어간다. 바닷물이 드나들면서 만들어진 연안부두에는 다양한 사연들이 살아 숨 쉬며 수런대는 것 같았다. 여객선에 오르내리는 사람들의 옷매무새에 파도의 물결이 출렁인다. 멀어져 가는 뱃고동 소리에 밀려간 물결에 휩쓸려간 이런저런 아득한 사연들이 모래사장으로 밀려가 켜켜이 쌓여있을 것이다. 게다가 큰 파도가 휘몰아치면 우리들의 염원까지 휩쓸고 갔으리라. 그렇게 모래사장 속에 쌓이고 쌓인 수많은 사연을 뒤로 한 채 수평선 물길을 가르며 여객선은 제 갈 길을 가고 있었다.

푸르른 햇빛이 파도에 부서지면서 밀려가는 배는 따스한 봄바람과 서해안 초록빛을 물들이며 순항을 거듭했다. 인천 연안부두에서 출항한 여객선은 3시간 30분에 소청도에 도착해 승객들이 내리자 바로 출발을 했다. 그리고 3시간 40분에 대청도에 이르렀다. 잠시 머물다가 곧바로 서해의 끝 섬인 백령도에 약 4시간 만에 백령도에 도착했다. 오랜만에 여러 시간에 걸쳐 배를 탔던 때문에 백령도에서 하선하고 땅을 밟았음에도 불구하고 울렁울렁 뱃멀미하는 기분이었다. 지금까지 인천 연안부두에서 약 4시간 걸리는 백령도는 간혹 찾았던 적이 있다. 하지만 백령도에서 지척에 있는 대청도와 소청도는 수평선 위로 사라져 가는 물결에 손을 흔들며 안부를 전하기만 했던 곳이다.

지난해 끝 무렵에 백령도에서 대청도와 소청도를 왕래하는 뱃길이 신설되었다고 해서 일정을 계획한 것이다. 섬은 낯선 여행객들을 내치거나 푸대접하지 않고 다소곳이 맞이해 주었다. 처음 찾는 여행객들에게 좋은 인상을 심어줘야 후속적으로 찾는 여행들이 줄지어 찾게 될 것이다. 항구에 서서 신비롭고 넉넉한 바닷길을 바라보니 파도에 실려 밀려오는 비린내 같은 바람도 물거품처럼 부서져 전해지고 있었다.

다음날 소청도로 가는 여객선에 올랐다. 이른 새벽 희뿌연 안개가 흰 꽃으로 날리며 출렁이는 물결에 은빛 화환을 걸어주고 있었다. 선상에서 바라보는 초록빛 바다에 흩뿌려진 하얀 포말은 알 수 없게 마음을 흔들며 설렘을 더해갔다. 또한 미지의 세계가 바다에 닿아 있는 것 같다. 수평선 위로 사라지고 비워지는 마음 한쪽의 빈자리에 자연이 빚어낸 신비한 소청도의 바위섬이 채워가고 있었다.

멀리서 바라보는 소청도는 새벽안개에 싸여 신비의 섬 같았다. 막상 부두에 정박한 배 주위의 바위에는 거무튀튀한 굴껍데기가 다닥다닥 붙어 있었다. 대양의 물결을 밀어 올리고 떠오르는 아침 해에 비추어진 소청도는 순박하고 청순하게 투영되었다. 서해의 끝 섬 중에 '백령도와 대청도나 소청도는 살아 있는 지질박물관으로 10억 년 전에 형성된 지층과 연흔(蓮痕)이 고스란히 남아 있어 한반도의 지질 명소이기도 하다.'라는 내용이 관광안내판에 적시되어 있었다. 소청도의 석회암 바위섬에 오르는 길은 바다에 자란 해조류가 파도의 물결에 너풀거리듯 널브러져 있는 것 같기도 했다. 산 정상의 허리 길을 오르니 산은 어깨를 낮추고 가파른 길을 안내하며 등위에 올라설 때까지 기다리고 있기도 했다.

산 정상에서 바라보는 서해안 바다 파도 물결은 넉넉한 햇살 속에서 아직 덜 꿰매지도 못한 바짓가랑이처럼 갈라진 바닷물은 섬을 한번 때린 파도가 와서 붙여주기도 했다. 어느 누가 묻거나 알려주지도 않았다. 하지만 바다 파도의 물결에서 먼 대양을 헤쳐 나아가기 위해 서로가 소통하고 손잡고 가야 하는 지혜를 배울 수 있다. 정상에서 선착장 반대편으로 조금 내려서니 멀리 바다 물결이 하얀빛을 발하고 있었다.

서쪽 끝의 해안 깎아지른 듯한 절벽에 하얗게 부서지는 파도 속에 새하얀 분바위와 지구 생성 초기부터 쌓인 화석인 대리석 사이에 줄무늬 형태의 스트로마톨라이트(Stromatolites)는 어디에서나 볼 수 없는 독특한 지구의 속살을 어김없이 보여주기도 한다는 귀띔이다. 천연기념물 508호인 분바위는 백색 대리석이다. 소청도 주민들이 바위가 분칠한 것처럼 하얗다 하여 분바위라고 했다. 오랫동안 수온이 높고 수심이 얕은 바다에서 살던 남조류나 박테리아 등 생물들의 사체가 쌓여 높은 압력과 온도로 변화된 석회암이다.

자연의 현상으로 휘어진 부드러운 굴곡의 바위들에 고목의 나이테 같은 모양의 지층이 이루어지기까지는 8억만년의 세월이 흘렀다는 얘기다. 태초의 지구의 암석을 마주하니 살아 있는 생동감을 느끼기도 했다. 석회암은 소청도 절반의 허리를 감싸며 길이가 700m의 기암으로 남아 있다. 마치 그 모양이 조류들이 한쪽 날개가 꺾어져 그 자리에 생활하다 생성된 암석 형태 같기도 하다.

화석은 굴 껍데기를 덮어놓은 모양을 하고 있다고 하여 주민들은 굴 딱지 바위라고도 부른다. 남조류는 지구 생성 초기의 광합성 작용하는 미생물로 알려져 있다. 낮에는 광합성을 작용하여 바위의 퇴적층 위쪽에서 생활한다. 그러나 밤에는 광합성작용을 하지 않아 그 위에 부유물이 형성되면서 이러한 활동을 반복되며 쌓여서 화석의 무늬로 만들어진 백색의 결정질 석회암이라고 한다.

앙상한 뼈에도 석화가 피어오르듯이 분바위는 밤이면 달빛을 받아 하얗게 빛난다고 해서 '월띠'라고도 부른단다. 수많은 시련과 세월 속에 실오라기 하나 없이 모두 뜯겨 나가도 원대한 꿈을 키워가면서 의연하게 자리를 지키고 있었다. 칠흑같이 어두운 밤이 수 억 년 반복되어도 흐트러짐 없이 곧은 자세로 지켜왔다. 주민들은 등대가 없던 시절에는 멀리서도 보이는 분바위를 보고 뱃길을 찾기도 했다는 전언이다. 짙은 농무(濃霧)가 시련을 안겨줘도 수평선 넘어 몰려오는 비바람이 몰려와도 의연히 제 몫을 할 서해의 고도이며 지킴이이다.

분바위 즉 스토로마톨라이트(Stromatolites) 석회암으로 가는 언덕 위에 보리수나무가 가지런히 있다. 불그스레 익어가는 열매 하나를 따서 입에 넣어 봤다. 쓴맛이었다.

2024년 05월 11일

잿빛 마을, 붉은 심장을 안고

‘따개비 마을’. 이름만 들어도 마음이 따뜻해지던 마을이었다. 바다를 품고 옹기종기 살아가던 그곳은 기암괴석 해안 절벽 위에 다닥다닥 붙어 있는 집들이 마치 바위

위의 따개비 같다고 하여 붙은 이름이다. 벚꽃이 피고 송이가 돋던 계절에 저녁이면 굴뚝에서 밥 짓는 연기가 몽글몽글 피어오르던 동네였다. 그런데 이제는 산불로 인해 온통 잿빛 폐허로 변해버렸다.

의성군, 울주군, 산청군 등지에서 발생한 대형 산불은 마을을 한순간에 휩쓸었다. 바람이 스치기만 해도 재가 날아 하늘을 뒤덮으며 사람들의 가슴속 깊이 스며들었다. 매캐한 공기는 단지 연기가 아니었다. 그 마을의 삶, 눈물, 추억이 응집되어 있는 잔해였다. 목을 타고 폐부까지 스며드는 냄새는 마음을 짓눌렀고 무거운 공기 속에 사람들은 깊은 절망을 삼켜야 했다.

무너진 집, 검게 탄 기둥, 다 타버린 세간과 사진들, 타다 남은 가축우리까지… 모든 것이 그곳에 사람이 살았음을 웅변하고 있었다. 그러나 사라진 것은 단순한 물건이나 건물이 아니었다. 그 안엔 한 사람, 한 세대, 한 마을의 역사가 고스란히 깃들어 있었다.

화마는 바람을 타고 산에서 산으로, 삶의 흔적에서 또 다른 삶의 흔적으로 옮겨붙었다. 그 무엇으로도 막을 수 없었다. 마을은 숨을 죽인 채 그저 바라볼 수밖에 없었고, 사람들은 삶터를 버리고 도망쳐야 했다. 특히 노인들은 매일 복용해야 할 약조차 챙기지 못한 채 겨우 몸만 빠져나오는 게 대부분이었다. 기르던 가축이나 반려동물을 남겨두고 떠난 이들은 그들의 안위를 걱정하며 밤을 지새워야 했다.

괴물처럼 휘몰아친 산불은 그 무엇과도 비교할 수 없는 공포의 대상이다. 5만 헥타르에 달하는 산림을 잿더미로 만들고 삶의 터전을 하루아침에 폐허로 만들었다. 그런 재난이 닥칠 때마다 사람들은 묻는다.

"왜 또 소나무를 심느냐고."

"불에 잘 타는 나무를 왜 굳이 심느냐고."

맞는 말이다. 소나무는 송진이 많아 불이 붙으면 쉽게 꺼지지 않는다. 언론은 종종 소나무를 산불 확산의 주범으로 지목한다. 하지만 그것이 전부일까. 그 질문에는 '토질'에 대한 이해가 빠져 있다. 타버린 산을 참담한 마음으로 바라보다가 문득 한 독림가(篤林家)의 말이 떠올랐다.

"여기 보세요. 이 마사토(磨砂土)는 돌이 많고 척박한 땅이에요. 이런 토양에서는 웬만한 식물은 자라기 어렵습니다. 우리나라의 평균 토심은 50cm도 되지 않기 때문에 뿌리가 깊은 심근성(深根性) 수종인 소나무만이 이 땅을 버티며 자랄 수 있는 것이지요."

그는 말을 이어갔다. "대부분 작물은 알칼리성 토질을 좋아하지만 소나무는 산성 토양에서도 잘 자랍니다." 평생을 산에 바친 그는 '한 평에 한 그루씩' 3,000평에 3,000그루를 심고, 솎고, 가꾸며 30년을 기다렸다고 한다. 그러나 그 산은 겨우 200만 원의 평가를 받았다.

"누가 그걸 바라보고 나무를 심었겠습니까. 그저 산을 푸르게 하고 싶었을 뿐이죠. 내가 이 산을 떠난 뒤에 다음 세대에게 조금이라도 나은 숲을 물려주고 싶은 마음이었어요."

그의 얼굴에는 세월의 그림자가 묻어 있었고 수지 타산을 따지지 않고 바보처럼 나무를 기르며 살아온 이의 조용한 웃음이 배어 있었다.

우리나라 산림의 대부분이 국유림이라 생각하지만 전체 630만 헥타르 중 66.7%는 개인이 소유한 사유림이다. 이 산들에는 독림가들의 땀과 정성이 스며 있다. 하지만 사유림이라 하더라도 산주는 많은 제약을 받는다. 어떤 나무를 심을지도 허가받아야 하고 농지 전용이나 벌목 역시 까다로운 절차를 따라야 한다.

세상에서 가장 느리게 움직이는 것이 있다면 그것은 바로 '나무'일 것이다. 씨앗이 땅에 떨어져 싹을 틔우고 가지를 뻗으며 줄기가 굵어지기까지 수십 년이 걸린다. 그러나 그 느림은 단단하고 깊다. 누군가의 숨결과 바람이 스며들어 자라는 생명이 나무이다. 그 나무가 어느 날 화마의 횡포로 한순간에 잿더미로 변해 그 느림마저 사라진 것이다.

눈 깜짝할 사이 산은 타고 숲은 사라졌다. 남은 것은 시커먼 잿더미와 타버린 우리 마음뿐이다.

"우리는 무엇을 잃은 것일까."

"그리고 무엇을 지켜야 할 것인가."

나는 자주 산에 오른다. 그곳엔 이름 모를 새들이 지저귀고 바람은 잎 사이를 비집고 다니며 무언가를 속삭인다. 산의 품에 안길 때마다 마음이 정화되는 것을 느낀다. 나무는 언제나 말이 없다. 그러나 묵묵하지만 충실하고 꾸준히 이 땅을 지키고 있다. 탄소를 흡수하고 숲의 온도를 조절하며 수분을 머금고 토양 유실을 막고 동물의 집이자 인간의 쉼터가 되어준다. 숲은 언제나 베풀기만 한다. 그럼에도 우리는 묻는다.

"이 숲이 경제적으로 무슨 가치가 있는가?"

"목재로 쓸 수 있는가?"

"산불에 약하지는 않은가?"

숲은 대답하지 않는다. 그러면서 되묻는다.

"너희는 나 없이 얼마나 살 수 있는가?"

나는 다시 마음을 다잡는다. 삽을 들고 잿더미 위에 마음을 심는다. 현재 국내 목재 산업에서 국산재의 활용 비율은 16%에 불과하고 수입 목재가 84%를 차지한다. 소나무는 외면받고 있다. 경제성이 낮고 산불 확산의 원인으로 지목되기 때문이다. 그러나 소나무가 목재로서 대접받기까지는 80년이나 100년이라는 긴 세월이 필요하다. 그 느림이 오늘날 외면의 이유가 되었다는 현실은 슬프기만 하다.

낙엽송처럼 천근성(淺根性)의 속성 수종은 동해안처럼 강풍이 많은 지역에서는 뿌리째 뽑히기도 한다. 반면 눈이 많이 오고 바람이 거세게 불어도 꿋꿋이 자리를 지키는 것은 오직 소나무다.

지구는 점점 뜨거워지고 있다. 사계절은 흐릿해졌고, 장마와 가뭄, 폭설과 폭염이 교차하며 극지의 얼음은 빠르게 녹고 있다. 해수면은 높아지고 기후는 인간의 예측을 비웃는다. 그 원인은 산업화와 탐욕 그리고 나무를 베어 만든 길과 구조물이다.

지금 우리의 숲은 연간 약 3,200만 톤의 탄소를 흡수하고 있지만 2050년에는 1,400만 톤도 되지 않을 전망이다. 그 이유는 대부분 숲이 같은 연령대에 도달하면서 생장 정점을 지나고 탄소 흡수 능력이 떨어지기 때문이다.

생다양성은 멀게 느껴지지만 사실은 우리 발아래 흙 속이나 나뭇가지 위 또는 개울가 돌 틈 사이에서 살아 숨 쉬고 있다. 한 종이 사라지면 다른 종도 흔들리고 결국 인간도 흔들릴 수밖에 없다. 우리가 다시 소나무를 심고자 하는 이유는 경제성 때문만은 아니다. 토질과 환경에 맞는 나무로서 그 숲을 다시 울창하게 만들 수 있는 동반자이기 때문이다.

송이는 그 숲이 품은 선물이다. 한편 참나무·낙엽송·전나무·편백 등은 생태적 역할을 지닌 존재들이다. 이들이 조화롭게 어우러질 때 비로소 숲은 '생명의 숲'이 된다.

이제 우리는 진지하게 고민해야 한다. 후손들에게 어떤 숲을 남겨줄 것인가. 그들이 거닐 산책로는 지금 우리가 어떤 나무를 심느냐에 따라 달라질 것이다. 숲은 단지 오늘의 풍경이 아니다. 백 년 후에 우리가 떠난 뒤에도 남아 있을 '기억의 그늘'이다.

오늘도 나는 변함없이 숲을 걷는다. 잿더미 위에 심은 한 그루의 작은 나무는 아직 연약하지만 그 속엔 미래가 자라고 있다. 바람은 지나가고, 계절은 순환하며 어린나무는 묵묵히 자랄 것이다. 언젠가 그 숲은 다시 초록으로 채워질 것이다. 오늘도 기도하는 마음으로 조용히 삽을 들고, 정성을 다해 마음을 심으며 푸르른 그날을 꿈꾼다.

2025년 03월 29일 토요일

4부

그 손의 냄새, 길 위의 숨결들

어머니의 손과 송진

솔잎 냄새가 몰려온다. 이슬비가 내리면서 안개가 산허리를 감싸 안 듯 낮게 드리워지고 있다. 산꼭대기에서 내려다보니 안개가 허공에 여인의 펼쳐진 하얀 치맛자락 형상의 자태를 뽐내며 하늘과 땅 사이를 가로지르며 휘날리고 있다가 굵어진 빗줄기가 그 치맛자락을 내리치자 수십 폭의 주름진 치마가 무지개처럼 펼쳐진다. 빗줄기가 거세질수록 산의 숨소리는 가빠졌다. 그러다가 갑자기 비가 멎는다. 구름이 허공에 수평선을 그릴 즈음 내 마음은 자연과 어우러져 호흡하며 호수처럼 잔잔해졌다.

솔잎도 하염없이 내리는 빗방울의 무게를 버거워했다. 비에 젖은 구겨진 옷에는 허공의 풍진(風塵)과 삶의 무게가 더해진다. 헝클어진 머리와 젖은 얼굴 위로는 안개꽃을 닮은 그림이 그려진다. 그 모습이 마뜩잖아 흠뻑 젖은 신발을 등산용 스틱으로 툭툭 치는 순간 불현듯 마음 한구석에서 따뜻한 보금자리가 그리워진다. 주위를 둘러보니 한 아름도 넘는 노송이 아무 일 없다는 듯 빙그레 웃으며 손짓한다. 이끌리듯 다가가 그 노송을 끌어안는다. 아, 저마다의 자태를 자랑하며 향기를 품어내는 그 냄새…….

송진 내음과 솔향기에 취해 조용히 눈을 감는다. 한 아름 되는 노송을 끌어안은 품속에서는 사랑하는 이의 체온 같은 안온함이 느껴진다. 빗물에 젖은 노송이 내뿜는 쿵쾅대는 숨소리가 내 심장과 공명(共鳴)하며 울려 퍼진다. 떨어지기 아쉬운 듯이 노송은 내 젖은 옷과 손에 송진이란 이정표를 찍어내고 있었다. 지워도 문질러도 사라지지 않는 우리만의 향기이며 지문이다.

솔잎 냄새는 실타래처럼 풀리는 구름을 타고 내게 다가온다. 그 향 속에 유년 시절에 어머니의 모습이 그리워진다. 어머니는 밭일하러 갈 때마다 산 고개 하나를 넘어야 했다. 아침에 나가면 저녁 해 질 녘에야 집으로 돌아오셨다. 점심을 챙겨 광주리에 담아 머리에 이고 가셨다. 여름날 소낙비가 쏟아질 때면 그 밥 광주리를 솔가지로 덮으셨다. 밥을 먹기 위해 솔가지를 걷어내면 따뜻한 온기와 습기로 인해 솔잎에서 송진이 뿜어져 나왔다. 그 송진 냄새는 그 시절의 주먹밥과 검게 빛바랜 된장 그리고 빗물과 어우러진 간장의 향기로 이어졌다.

어머니가 밭일을 위해 산 고개를 넘나드실 때면 한 손으로는 대나무 광주리를 붙들고 다른 손으로는 내 손을 잡아 고개를 넘었다. 그때 어머니 손바닥에 묻은 끈적한 송진이 내 손에도 전해졌다. 그것은 단지 송진이 아니라 두 손을 하나로 이어주는 매듭이었고 신경이나 핏줄처럼 우리를 연결해 주는 끈이었다. 험한 고갯길을 오르고 내릴 수 있었던 것은 그 송진을 매개로 전해진 어머니의 사랑 때문이 아니었을까.

솔잎은 천혜의 식물이다. 솔잎 속에 함유된 터펜틴(turpentine)과 티로신(tyrosine)은 인체에 유용한 성분이다. 어떤 학자는 "솔잎을 생식하면 뇌 기능과 심장을 튼튼하게 하고 이상 혈압을 방지하는 장수 식품"이라는 연구결과를 발표하기도 했다. 어머니가 옛날에 그런 사실을 알았을까? 코로나19로 언택트 시대가 지속되면서 "몸은 멀리 있어도 마음은 가까이"라는 말이 SNS에서 회자되고 있다. 이런 삭막한 세월 속에서 문득 떠오르는 기억이다. 끈적한 송진이 묻은 어머니의 손을 잡고 고갯길을 넘던 그 추억이 유독 그리워지는 건 왜일까. 괴질(怪疾) 때문에 비대면은 어쩔 수 없는 필요조건이다.

언론매체에서 거리 두기로 인해 우리는 서로를 유리창 칸막이 사이에 두고 서로서로 손바닥을 펼쳐 보이며 소통하는 진풍경이 펼쳐지기도 한다. 한 번도 경험하지 못한 이런 낯선 모습을 지켜보면서 이제는 다시 잡을 수 없는 어머니의 손이 더 절실히 그립다. 험한 일을 마다치 않고 거칠어진 손 갈라진 틈마다 송진이 배어 있던 손을 잡는 순간에 어머니의 혼이 전율처럼 전해지곤 했다. 그 순간은 말로 다 할 수 없는 행복이었다. 이제는 기억 저편으로 멀어져만 가는 그 손길과 교감을 다시 느끼고 싶다.

우리는 자연과 공존해야 한다. 지금 산과 들은 기후 변화와 태풍으로 인한 생채기를 안고 신음하고 있다. 식물은 사람이 도와주지 않아도 스스로 환경에 적응하며 살아간다. 우리 인간도 마찬가지다. 갓난아이처럼 투명했던 어린 시절에서 세파에 찌들어 검푸르게 변하는 청년기와 장년기를 지나 마침내 회색빛으로 푸석해지는 노년기에 이르기까지 자연의 이치는 인간의 삶과 닮았다.

소나무도 생채기를 입으면 맑은 송진을 내어 치유한다. 그러고는 더욱 무성해지기 위해 열악한 환경에 순응하며 검푸르게 빛난다. 혹독한 시련 앞에서는 회색빛으로 몸을 감추기도 한다. 생을 마감한 뒤에도 소나무는 '관솔'로 거듭난다. 마치 대덕고승(大德高僧)이 사리를 남기듯이 관솔은 타오르며 그을음을 남긴다. 그 그을음은 '먹'이라는 새로운 생명체로 다시 태어난다. 이것은 단순한 끝이 아니고 승화의 이치이며 새로운 영혼의 탄생이다.

송진이 묻어 있던 거칠고 여기저기 갈라진 어머니의 손을 다시 잡고 따스한 정과 혼을 느껴보고 싶다. 난마처럼 얽힌 지난 세월의 흔적을 때로는 지우고 싶은 부분도 있을지라도 영원히 끊을 수 없는 모정과 송진이 배인 어머니의 손은 아직도 보이지 않게 나를 꼭 붙들고 올곧은 정신과 삶에 영혼을 불어넣어 주고 있다. 노송이 영원히 몰(沒)하면서 관솔로 새로운 생명을 피워 내듯이 아마도 어머니는 그러실 게다. 이런 맥락에서 어머니에 대한 보이지 않고 기억도 희미한 매듭의 끈이 그리워진다.

2020년 10월 04일

장터매기

아직도 경향 각지에서 사람 냄새가 물씬 풍기는 오일장이 선다. 간혹 지나치다 장이 서는 장터를 지나치려면 시장 바닥의 난전(亂廛)의 좌판에 펼쳐진 올망졸망한 물건들에 정신을 뺏겨 발길이 멈춰지곤 한다. 좌판 위에는 장인의 얼과 혼이 담긴 상품이나 기구 등이 넘쳐나게 쌓여있다. 그런가 하면 식료품과 음식 따위가 즉석요리 경연대회를 하듯이 눈길을 끌어 오가는 장꾼들의 코끝을 자극하며 식욕을 부추긴다. 시장의 분위기를 비롯해서 장사꾼 모두가 현대식 마트나 백화점에 비하면 투박하고 촌스러울지 모른다. 하지만 거기에는 순박한 정이 깃들고 진솔한 혼과 정이 살아 숨쉬기 때문에 오가는 장꾼들의 마음을 끌어 기꺼이 지갑을 열게 만들곤 한다. 오늘날 오일장은 어쩌면 동네 외 돌아진 모퉁이에 자리했을 뿐 아니라 협소해 초라해 보일지라도 거기엔 우리의 애환과 삶의 흔적이 고스란히 새겨진 역사의 증적 같은 보배로운 존재이기도 하다. 장이 서지 않는 날은 쓸쓸한 시장 표지판만이 대로 입구에 덩그러니 서 있어 을씨년스럽다. 그래서 그 자리가 과연 장터인지 아니면 그저 평범한 뒷골목인지 분간이 어려울 정도로 한적하고 스산한 모양새다.

그 옛날에 비하면 규모가 작아지고 장꾼이 줄어들었을지라도 여전히 시끌벅적한 오일장에는 사람 사는 냄새가 짙게 풍겨 마냥 정겹다. 오일장은 단순히 시장이 아니라 사람과 사람의 만남과 소통이 있다. 거기에다 그 지방의 수백 년 역사와 문화가 쌓인 현장일 뿐 아니라 소통의 공간으로 열린 문화의 장이기도 하다. 여기저기 흥정하는 소리가 음률이고 시(詩)를 읊는 가락처럼 정겨운 풍경이 사랑스럽다. 아울러 다양한 만남에서 비롯되는 넉넉한 웃음과 이런저런 거래에서 덤으로 주는 넉넉한 나눔에서 풍요로운 삶의 단면을 한껏 느끼는 흐뭇함은 축복이다. 오일장에서 주고받는 소통과 나누는 정은 고유한 풍습과 문화로 이어져 그 도도한 맥과 정신은 지역문화의 뿌리로 자리 잡는 게 아닐까.

최근 우연히 발길이 닿아 오일장을 둘러봤다. 그런데 장마당에서 만나는 장꾼들의 표정에서 이전과 견줄 때 깊은 고뇌의 주름이 더 선명하게 드러났다. 신종 코로나바이러스 감염증(코로나19)의 펜데믹(pandemic) 현상으로 잔뜩 긴장하고 주눅 든 때문인지 오가는 사람들 얼굴에는 웃음이 사라진 채 굳은 표정 일색이었다. 코로나19로 인한 마스크 때문에 인사도 주먹 치기(fist bump)로 대신하는 모양새가 마치 막 링 위에 오른 권투선수들의 인사를 연상시켜 마뜩잖다. 아무도 겪어 보지 않는 세상을 경험하다 보니 문득 어릴 적의 아련한 기억의 곳간에 또렷이 새겨진 포항의 비학산 기슭 장터매기(場攄賣氣)가 그리워진다.

학이 날개를 펼친 형상의 높은 아늑한 산이다. 북쪽으로 내연산이 마주하고 있고 정상부 능선에 오르면 동해 바다가 훤히 조망되며 아기자기한 비경을 품은 비학* 기슭인 신광*면 상읍1리가 내 고향이다. 이 비학산은 포항 신광면, 기계면, 기북면의 경계에 자리한 산으로 높이가 762m이다. 그런데 신광면에서 오르면 정상부 중간 능선에 자리 잡은 장터매기(場攄賣氣)가 있다. 이곳은 날아가는 학의 알 통 자리 형상을 한 산속의 포근한 명당이다. 장터매기의 유래이다. "비학산을 기점으로 신광면, 기계면, 기북면 사람들이 각자의 특산물을 거래하기 위해 산을 넘나들며 쉼터로 이용되기도 하고, 물물 교환하던 장소" 역할을 하면서 붙여진 이름이란다.

내 어린 시절과 장터매기에 얽힌 사연이다. 그 시절 겨울이면 유난히도 매서운 추위가 기승을 부렸다. 그런 혹한의 추위도 어린 형제들의 우애에 고개를 숙였던 걸까. 집안의 장남으로 자라서 겨울방학이 시작되면 동생들을 이끌고 나무하러 장터매기로 가곤 했다. 그 당시 아궁이의 땔감은 오로지 나무뿐이었다. 그런 나무를 가장인 아버지께서 해오는 게 당연할지 모른다. 하지만 아버지께서는 읍내 있는 막걸리를 제조하는 양조장에서 일하셨던 관계로 나무를 할 틈이 없었다. 그런 연유에서 아버지 대신에 어린 우리 형제들이 나무를 하러 나설밖에 도리가 없었다. 허허벌판과 달리 산속에 들어서며 나무들이 추위와 바람을 막아주기 때문에 조금 포근하다는 것을 알기 때문에 아무리 날씨가 매서워도 아랑곳하지 않고 형제들은 땔감을 하러 다녔다. 그런데 추위에 쩔쩔매면서도 하얗게 눈 덮인 들과 산이 안온하게 느껴지기도 했다. 또한 쌀가루 뿌려 놓은 설경이 펼쳐진 날 포근한 날씨엔 몸과 마음이 평온해지기도 했다. 그런가 하면 이따금 흰 눈 사이로 소나무와 전나무가 초록을 더하여 한 폭의 산수화 같은 황홀경을 연출해 넋을 잃게 만들기도 했다.

나무하러 다니며 오가던 길에 대한 회상이다. 울퉁불퉁한 비포장도로는 살아 숨을 쉬는 산길이었다. 상읍리에서 출발해서 법광사 입구 산들머리까지는 리어카로 얼추 2km쯤 가야 했다. 리어카에 지게를 싣고 비포장의 오르막길을 가야 하기에 형제들은 앞에서 끌고 뒤에서 밀어야 하는 녹록지 않은 산길이었다. 리어카와 지게의 무게보다는 강한 추위의 바람이 몰아칠 때는 힘겨운 오르막이 왠지 모르게 고맙게 느껴지기도 했다. 산길의 오르막은 쉽게 길을 열어주지 않았다. 길 가운데 칼날 같은 돌덩이들과 웅덩이를 이리저리 피해 리어카가 지나가려면 숨소리도 제대로 내지 못하고 전전긍긍했다. 하지만 긴 오르막을 단숨에 치고 올라갈 수 없어 서로 번갈아 가면서 리어카를 끌고 밀어야 했다. 그럴라치면 겨울의 추운 날씨에도 흥건히 땀이 흘러내려 잠시 휴식을 취해야 하는 곤혹스러움을 숱하게 겪었다. 그렇게 끌탕을 치면서도 어떻게든지 나무하러 가야 한다는 절박한 현실과 이겨내야 한다는 마음에서 리어카에 실은 지게의 무게를 잊기도 했다.

산속에서 지게가 오가는 오솔길은 꿈틀거리면서 발전한다. 법광사* 입구 산들머리에서 장터매기까지는 지게로 1.5km를 오솔길로 가야 했다. 지게는 사람의 형상과 닮은 모양이다. 어른들의 체격에 맞게 만들어진 지게의 질빵을 당겨 등받이에 밀착시키고 걷다가 오솔길의 모퉁이 걸려 넘어지길 수십 번 경험했다. 어린아이들이 첫걸음마를 배울 때 일어서고 넘어지길 반복하듯이 지게 역시 자신과 체온을 나누면서 서서히 삶의 끈을 연결해준다. 겨울바람에 솔잎 우는 소리가 들려온다. 큰 소나무 위로 올라가서 가지치기를 해주면 겨울의 칼바람도 비켜 간다. 가지치기한 나뭇가지는 진한 솔잎 냄새를 바람에 실어 깊은 산속 여기저기로 흩뿌린다. 장터매기의 양지바른 자리에 앉아 점심 먹을 채비를 한다. 지게의 맨 위 꼭대기에 붙들어 매고 간 도시락을 풀어헤친다. 하지만 얼음덩이처럼 차디차다. 가지치기한 큰 소나무 사이로 비취는 햇볕에 도시락을 녹일 요량으로 기다리다 지루해 낙엽 위에 벌러덩 누워 태양을 바라보다가 해 시계로 시각을 어림해 보기도 했다.

소나무 속에는 대덕고승의 몸속에 생기는 사리(舍利) 같은 영혼이 숨어 있다. 비움과 받아들이는 생명력의 시기를 일깨워주는 게 아닐까. 소나무는 순, 솔향, 송진, 관솔, 땔감, 가지치기 등과 같은 자연 섭리에 따라 순응하는 방법을 스스로 터득했나 보다. 코로나19로 인해 언택트(untact) 시대가 열렸다고 하지만 우리는 자연과 더불어 살아가는 방법을 배워야 하지 않을까? 오일장에서 따스한 사람의 체취도 느끼지 못하는 현실이라든지 고유의 명절에 가족도 다섯 사람 이상 대면을 금지해야 하는 메마르고 삭막한 세월의 강을 건너고 있다. 유년 시절 추운 겨울 리어카와 지게로 험한 산길인 장터매기를 오르내리면서 가난이라는 역경을 이겨냈던 혈육 간의 우애와 지혜롭게 대처했던 세월과 순백한 기개가 한없이 그립다.

======

* 비학산(飛鶴山) :"학이 하늘로 날아올라 가는 '비학산천형(飛鶴山天形)' 형상"이라는 뜻에서 비학산이라고 불리게 되었다는 전언이다.
* 신광(神光) : 신광(神光)이라는 지명의 유래이다. "신라 제26대 진평왕(579~631년)이 법광사에서 하룻밤을 묵던 날 밤에 비학산에서 밝은 빛줄기가 찬란하게 뻗어 나왔다"고 해서 붙여진 이름이다.
* 법광사지(法光寺趾) : 법광사지는 "신라 진평왕때 원효대사가 왕명에 의해 건립하여 525칸의 대사찰이었다"고 한다.

2021년 02월 13일

막걸리 익는 새벽
_아버지를 떠올리다

어린 시절 아버지는 양조장에서 일하셨다. 지금으로 치면 '주조사(酒造士)*'의 역할을 하셨다. 그 시절 면(面) 소재지마다 한 곳 정도 허가받은 양조장이 있었다. 그 안에서도 아버지는 유일한 전문 기능인이셨다. 오늘날 같으면 기업이나 공장의 핵심 기술자로서 대우를 받았을 자격이었다. 하지만 당시에는 그 누구도 아버지를 특별하게 대우하지 않았다.

그 시절 우리의 땔감은 거의 모두 나무였다. 식량도 절대적으로 부족해 기근을 피할 길이 없었다. 땔감을 마구잡이로 베어 산은 민둥산이 되었고 여름마다 산사태가 빈번히 발생해 피해가 막심했다. 이를 막기 위해 사방 공사를 하며 아카시아나 싸리나무를 비롯해 잔디 씨앗을 초등학생들에게 따오게 하는 부당한 과제도 있었다. 식량이 부족하다는 이유로 그리고 국가의 세수를 확보하기 위해 개인이 술을 담그는 일도 법으로 철저히 금지되었다. 누룩을 만들거나 술을 빚다가 적발되면 무거운 벌금이 부과되던 시절이었다.

내일이면 강남 갔던 제비가 돌아온다는 춘삼월로서 생명이 움트는 봄이 열린다. 잔뜩 웅크리고 지냈던 삼동을 지나 따스한 봄기운을 느끼다 보면 문득 아버지가 떠오른다. 어린 시절에 아버지는 막걸리를 빚기 위해 밀가루와 누룩과 물을 주원료로 썼다. 막걸리는 쌀로 빚는 것이 당연하다. 그렇지만 그때는 쌀이 너무 귀해 법령에 따라 밀가루로 대체할 수밖에 없었다. 지금은 쌀이 남아돌아 되레 걱정인데 당시에는 양조용 쌀조차 턱없이 부족하여 막막한 시절이었다. 예로부터 농사가 주된 생업이었던 우리 조상들에게 빠질 수 없는 우리의 농주(農酒)였고 때로는 배고픔을 달래주는 국민주(國民酒)였다. 그런 참혹한 세월의 강을 건너야 했다.

막걸리를 만드는 과정이 아직도 선명하다. 아버지는 둥근 나무 큰 솥 안에 광목을 깔고 그 위에 밀가루와 물을 넣어 불을 지피셨다. 밀가루가 익어가며 솟아오르던 하얀 증기는 마치 백로가 날개를 펴고 비상하는 모습 같았다. 그 향과 냄새는 굶주린 마음을 사로잡았고 그 모습은 어린 나에게 하나의 풍경으로 깊이 각인되었다. 술밥이 익으면 자루가 긴 삽으로 퍼내 시멘트 건조대에 널어 말렸다. 말린 술밥은 누룩과 섞어 양동이에 담고 발효실의 커다란 독*에 넣어 물과 함께 버무렸다. 그곳은 연탄불로 온도를 유지하며 발효가 진행되었다. 높이 2미터 남짓한 술독이 번호순으로 정렬돼 있었고 독마다 고유한 향기를 품으며 막걸리가 익어갔다.

발효가 끝나면 막걸리를 걸러내고 자연스레 술지게미가 생겼다. 아버지는 해질녘이면 술지게미를 양동이에 담아 자전거에 싣고 오셨다. 당시 농촌 가정 대부분 가정에 소 한 마리를 키우고 있었다. 그 소에게 먹이를 줄 때마다 섞어 주려는 것이었다. 때로는 동네 사람들이 한 바가지씩 얻어 가기도 했다. 그것을 술 대신 먹기도 하고 술빵이나 술떡으로 만들기도 했다. 또는 밑술을 붓거나 곡식 가루를 섞어 다시 술을 담그는 경우도 있었다.

누군들 삶이 순탄한 꽃길만 펼쳐질 수 있을까. 어머니는 저녁 무렵 되면 "아버지 배웅을 가라."고 내몰았다. 아버지는 새벽 5시에 일어나 발효 상태를 확인하러 나가셨고, 아침 식사 후 도시락을 들고 다시 양조장으로 향하셨다. 해가 져서야 귀가하셨다. 늘 막걸리를 드신 상태였다. 하루 두 번을 오르내리는 비포장길 아버지는 어떤 생각을 하며 걸으셨을까. 아마도 보이지 않는 자신만의 길을 묵묵히 걸으셨으리라.

겨울밤이면 마중길은 더 고역이었다. 살을 에는 밤바람을 견디며 걸어야 했다. 양조장의 발효실에 들어서면 연탄불로 따뜻해진 공기가 마치 딴 세상 같았다. 발효 중인 막걸리의 부글거리는 소리는 마치 농민들이 아리랑 고개를 넘어가는 구슬픈 노래처럼 들렸다. 그 속에는 아버지의 땀 냄새와 술지게미를 퍼내던 손 냄새가 배어 있었다.

발효실의 독은 날마다 끓었다. 독마다 온도가 달라 발효 상태도 달랐다. 아버지는 눈으로 보고 직접 맛을 보며 상태를 확인하셨다. 때로는 저녁 식사를 거르고 막걸리로 대신하셨을 것이다. 커다란 솥이 제대로 익지 않거나 독이 발효가 잘되지 않으면 스트레스를 막걸리로 푸셨을지도 모른다. 인심 좋던 아버지는 오일장 날이면 지인들과 막걸릿잔을 기울이기도 하셨다. 그런 날이면 비틀거리는 아버지의 팔짱을 끼고 서로의 체온을 나누며 걸었다. 함께 걷다가 때로는 돌부리에 걸려 넘어지곤 했다. 그러다 일어서며 "너는 이런 길을 걷지 마라."고 하시던 말씀이 기억난다. 지금 돌이켜보면 그 말엔 아버지의 진심과 바람이 응축되어 있었던 것 같다. 그것은 발전하라는 더 나은 길을 걸으라는 뜻이었으리라.

아버지는 절망적인 상황에서도 가족을 위해 걷지 않을 수 없었을 것이다. 그렇게 걷고 또 걷다 보면 길이 생기고 어둠 속에서도 다시 일어설 힘이 생겼으리라. 아버지는 새벽 공기를 마시고 저녁별을 바라보며 스스로 일깨우고 채찍질하면서 자신의 길을 만들어 가셨다. 이제 나는 생각한다. 나는 과연 아버지와 다른 길을 걷고 있는 것일까.

======

* 주조사(酒造士) : 술 따위를 만드는데, 대한 시험에 합격하여 면허증을 가지고 술의 제조·관리·품질 향상 업무에 종사하는 사람.

* 독 : 간장, 술, 김치 따위를 담가 두는 데에 쓰는 큰 오지그릇이나 질그릇. 운두가 높고 중배가 조금 부르며 전이 달려있다.

2021년 02월 28일

고인물

지난 추석의 성묫길에서 어릴 적 산 넘어 밭일하던 곳에 가려다가 끝내 포기하고 말았다. 언젠가 꼭 한번 가보고 싶었다. 하지만 일정에 차질이 생겨 다음으로 미루며 자연스럽게 어린 시절의 여러 가지 추억을 떠올리게 되었다. 그곳은 내 어린 시절의 추억이 서려 있는 비밀스러운 영지인 동시에 누구의 제재도 받지 않고 자유를 만끽하던 해방 공간이었다. 물론 그 언저리 비탈에 있던 손바닥 같은 작은 뙈기밭에서 어머니와 일을 하며 버거워했던 기억 또한 생생한 곳이기도 하다. 어린 시절 무한한 자유를 만끽하던 기억이 지금도 나를 몸살 나게 만들고 있다. 이런 생각에 빠져들다가 자연스럽게 어린 시절의 추억을 소환하게 되었다.

아주 오래 전 십 대 시절의 회상이다. 집에서 산 고개 하나를 넘어서 경사진 밭이 있었다. 그 밭 옆의 비탈 가운데에 너른 공간이 있었고, 그 공간 주위엔 풀어진 넥타이처럼 흘러내리던 마을 공동묘지가 띄엄띄엄 자리 잡고 있었다. 그곳에는 큰 나무가 하나 있었는데 뜨거운 여름철에는 그 나무 그늘이 몸을 가누며 더위를 피하는 유일한 쉼터였다. 햇볕이 유순해지는 오후가 되면 뉘랄 것 없이 동네 아이들은 소에게 풀을 뜯어 먹이기 위해 각자의 소를 몰고 이 공동묘지로 모여들었다. 여러 마리 소의 워낭소리가 썩여 산 메아리 되어 돌아오는 음색이 우리 고유의 악기인 '징'과 '핸드벨' 소리의 음률로 조화를 이루는 것 같이 들리기도 했다. 그 리듬이 뜨거운 여름 가파른 산의 오르막 발걸음을 한결 가볍게 해주기도 했다. 우리는 언제나 소를 몰고 공동묘지에 도착하면 주위의 산으로 자유롭게 오가며 풀을 뜯어먹을 수 있도록 고삐를 풀어주었다. 아마도 그 시간만큼은 우리들의 자유이고 소들도 행복을 누리지 않았을까!

우리들은 거의 매일 모였다. 편을 나누어 공동묘지의 기울어진 비탈에서 축구와 야구를 했다. 한여름 내리쬐는 태양 아래에서 고무신을 벗어던지고 맨발로 경기를 했다. 그 시절 유일한 즐거움은 소에게 풀을 뜯어 먹인다는 명분을 내세우고 그곳에 모여 운동을 하는 것이었다. 고르지 않는 경기장에서 우뚝 솟아난 묘의 봉분이나 움푹 파인 웅덩이에 발이 걸려 넘어지면서도 마냥 즐거웠다. 간혹 묘의 봉분 위로 아이들이 올라가는 무례를 범하지만 따지고 보면 망자(亡者)의 후손들이니 어쩌겠는가? 울퉁불퉁하고 비탈진 경기장을 수없이 밀고 밀며 달리다 보면 기진맥진해 허우적대기도 했다. 그렇게 운동을 하다가 목이 마르면 목마름을 해결해 주는 웅덩이가 있었다. 골짜기에 논농사를 짓기 위해 논의 모서리에 파 놓은 웅덩이에 고여 있는 샘물을 벌컥벌컥 물을 마시곤 했다.

웅덩이 물은 우리에게 생명수와 다름이 없었다. 헐레벌떡 뛰어가 타는 갈증을 일거에 해결할 기세로 웅덩이에 몸을 구부리고 입과 코로 단숨에 물을 들이마시기도 했다. 그럴 때면 웅덩이 물속을 유영하던 거머리들이 물을 빨아들이는 입 주위로 다가오기도 했다. 그렇게 갈증과 허기진 배를 채우기도 했다. 정신없이 웅덩이 물을 들이켜다가 정신을 가다듬고 웅덩이 속을 자세히 보면 다양한 생명이 꿈틀댔다. 개구리 알, 올챙이, 연못 하루살이, 물달팽이, 물땡땡이, 실지렁이 따위가 사는 세상이기도 했다. 그 웅덩이 물을 마시다가 그 생명체들이 입속으로 빨려 들어가지 않았을까 싶기도 했다. 갈증이 심하여 무심코 마셔온 웅덩이가 따지고 보면 다양한 생명체들이 살아가는 또 다른 세상이기도 했다는 생각에 이르렀다.

웅덩이의 고인 물은 썩는다. 어머니는 산 넘어 밭에 갈 때는 빈 주전자를 가지고 갔다. 웅덩이 물은 가뭄이 들면 타들어 가는 논으로 퍼낸다는 사실을 어머니는 꿰뚫고 계셨다. 그래서 웅덩이 물은 깨끗하다는 알고 계셨기에 그 웅덩이 물을 주전자에 채워서 밭으로 가서 일하다가 목이 마르면 갈증을 해결하곤 했었다. 밭의 한 모퉁이는 진흙땅이라서 항상 물도랑을 만들어주어야 했다. 밭에는 감자와 고구마를 비롯해서 밀이나 보리 등의 여러 가지 작물이나 채소를 심었다. 그중에서 감자

꽃이 보라색과 흰색으로 피어날 때는 무척 아름답기도 했다. 어머니는 감자 꽃을 따는 방법을 가르쳐 주면서 내게 말했다.

"감자 꽃을 따라고 했다."

"왜! 꽃을 따야 하는지?" 내가 물었다.

"감자알로 가야 할 영양분을 꽃을 피우기 위해 소진하면 수확량이 줄어든다."라고 일러주셨다.

돌이켜 생각하니 산골짜기의 밭은 따뜻한 온기가 서려 있었다. 잠시 눈을 감으니 흙냄새가 몽실몽실 피어오른다. 산허리를 조이면서 워낭소리의 음률이 산속의 나무들과 어울려 메아리가 되어 돌아온다. 어머니와 밭일을 하다가 슬그머니 나와서 아이들과 어울리기도 했다. 어머니는 진흙땅 감자밭의 감자인가 아니면 감자꽃인가 생각해 본다. 한 생명체가 완성되기 위해서는 부단한 관심과 노력이 필요하지 않는가! 스스로 감자 같은 인생을 살지 않았나 생각된다. 하얀 꽃과 보라색 꽃과 같은 아름다운 인생으로 살아가고 싶으셨을 게다. 아름다운 감자 꽃을 따서 가슴속 깊은 곳에 묻어두지 않았나 생각된다. 진흙땅의 물이 고이지 않도록 수시로 도랑을 만들고 물을 퍼내면서 무슨 생각을 했을까? 어머니의 호미질 자리와 맨발의 발자국들이 화석이 되어 굳어 있을지도 모른다. 자식을 굵은 감자를 키우는 심정으로 흙과 일생을 함께하셨다.

요즘 인터넷이나 SNS 등에서 '고인물'이란 단어가 유행하고 있다. 어느 분야든 경험이 쌓이고 숙련되면 더 이상 발전이 없으면 '꼰대'라고 한다. 시대의 흐름에 따라가지 못해서 하는 말인가? 우리 사회는 농경사회에서 산업사회로 발돋움해서 정보화 사회를 지나 4차 산업혁명 사회로 진입하면서 국제적으로 인공지능을 기반으로 하는 무한 경쟁 사회가 되었다. 특정 게임과 앱을 일찍 경험하고 만들어서 신규 회원들의 플레이를 어렵게 만드는 것을 '꼰대 짓' 혹은 '고인물'이라고 한다. 또한 한 분야에 장인정신으로 실력 있는 자를 '고인물'이라 호칭한다. 뛰어난 역량으로 산업을 선두로 이끌며 존경받는 '고인물'이라면 문제가 없지 않을까.

바람 소리에 살아 있는 흙냄새를 추억한다. 웅덩이 물에 올챙이의 앞발 뒷발이 돋아났으며 안녕한지 모르겠다. 이 가을에도 산 넘어 비탈에는 억새가 풍성하게 일렁이며 빗자루가 되어 지난 세월의 흔적을 쓸어내기 위해 키 재기를 할까. 바람결에 누웠다가 바람결에 일어나기를 거듭하는 군무의 모습이 그립다. "어른은 아이들의 미래이기도 하다."란 말이 언뜻 떠오른다. 어머니의 흙냄새와 아이들의 땀 냄새가 어울려 '고인물'이 되었는지를 챙겨봐야겠다. 이런 까닭에서 어머니 흔적의 발자취를 따라 걸으며 사색에 잠겨봐야겠다.

2021년 10월 02일

거미줄의 희망

얼굴을 감쌌던 흰 마스크를 벗었다. 앞을 향해 뚜벅뚜벅 걷는데 이른 새벽 산길의 희뿌연 안개 속 거미줄에 맺힌 이슬이 입안으로 들어왔다. 손으로 얼굴을 훔쳐본다. 밤사이에 이리저리 거미가 줄을 쳐놓았다. 가만히 살펴보니 오묘한 문양의 도형을 그려놓은 듯한 거미줄이 정교해 무척 신비롭다. 인적이 뚝 끊긴 밤사이 허공에 펼친 거미의 예사롭지 않은 묘기에 감탄이 절로 난다. 거미줄 속에 갇혀 있던 것들이 헤벌리고 걷다가 입안에 들어온 것을 내뱉는다. 밤사이 무궁무진하게 실타래를 토해낸 거미는 자기만의 안식처로 몸을 숨긴 채 웅크리고 있다.

거미줄은 두 종류가 있다. 한 종류는 먹잇감을 붙잡는 끈끈하고 굵은 점성이 있는 줄과 잡은 먹이로 이동 통로인 건조한 거미줄이 있다. 거미는 배 부분에 점액이 나오는 기관을 통해 실타래를 뽑아 거미줄을 치기도 한다. 거미만의 살아가는 방법과 환경은 처한 현실을 앞에 두고 어떠한 역할을 했는지를 생각해 보기로 한다. 잠시 거미줄이 얼굴에 감긴 실타래를 걷어내면서 어린 시절을 기억을 소환했다.

어린 시절은 논과 밭을 놀이터로 여기며 살아왔다. 겨울이면 가을에 벼 타작을 하고 생기게 마련인 볕 짚으로 새끼를 꼬는 놀이를 했었다. 또한 짚을 이용해 가마니를 짜기도 했다. 어머니는 닳아서 지문이 없어진 손으로 거의 매일 밤 새끼를 꼬는 일을 정해진 일과처럼 반복했다. 그래서 우리는 형제들은 놀이라기보다는 어머니의 수고를 조금이라도 덜어 드리기 위해서도 새끼를 꼬기를 할 수밖에 없었다. 거미는 실타래를 풀어내면 낼수록 더 크게 포물선을 그리게 마련이다. 그런데 어머니의 새끼줄은 길어질수록 손바닥에 그물 같은 지문(指紋)이 한없이 엷어져 갔다. 지금 돌이켜 생각하니 "어머니는 밤이 이슥해질 때까지 새끼를 꼬면서 가슴속에 서린 한을 실타래 풀어내듯 토해내지 않았나" 하는 생각이 들기도 한다.

새끼줄 타래 위에 앉는 어머니는 한 마리의 거미가 되기도 했다. 거미는 밤새워 실타래를 토해내듯이 어머니는 춥고 긴 겨울밤을 지푸라기를 허공으로 날리며 두 손을 비벼가며 한과 추위를 이겨 내기도 했으리라. 매듭으로 꽁꽁 묶어두었던 가슴과 비벼내는 손에 열이 날 때는 겨울의 찬 공기와 찬물을 들이키며 지푸라기에 쏟아내기를 반복했다. '꼬인 삶의 매듭이 당신의 발목을 옭아맨 것을 누군가가 풀어 주기를 간절히 염원하는 마음을 담아 새벽 동이 틀 때까지 두 손을 비비며 간원'했을 것이다. 그것은 버거운 삶에서 벗어나고픈 간절함에서 비롯된 진솔한 의식행위가 아니었을까.

거미가 짜놓은 촘촘한 실타래에 아침 이슬방울이 걸렸다. 어머니가 지푸라기에 뿌려진 물방울이 아침이슬이 되기도 했다. 지붕 위에 얼었던 눈이 조금씩 녹으며 소리 없이 처마로 흘러내리던 낙수처럼 어머니의 눈물이 아침이슬에 걸리기도 했었다. 기나긴 겨울밤 외로이 새끼줄을 꼬며 거미와 같이 먹이를 기다리는 심정이었을 게다. 어머니의 새끼줄은 살아가기 위한 생명줄이었다. 따라서 새끼줄은 살아 움직이게 하는 혈관이며 세상과 소통을 하는 거미를 닮았다는 생각을 떨칠 수 없다.

거미줄도 뜯기고 갈라지기도 했다. 거미의 배에서 늘어뜨린 줄이 누군가에 의해 뜯기면 자신이 만들어놓은 실타래를 따라 잽싸게 움직인다. 그리고 꼼꼼하게 살피면서 뜯기고 망실된 부분을 재빨리 복원하기 위한 행동에 돌입한다. 거미는 자기가 쳐놓은 줄에서 줄 타는 기술은 가히 환상적이며 예술이 같은 경지이다. 게다가 누구도 흉내 낼 수 없는 자기만의 도형 모형을 그린다. 세로줄과 나중에 가로줄을 이어가면서 멋진 형태의 기교를 뽐낸다. 그렇게 거미는 자신의 안식처를 만들고 먹이사슬을 요리하는 천부적인 재능을 자랑하기도 한다. 어머니의 거미줄도 하얀 밤을 지새우며 그물망에 수를 놓았다. 허공에서 끊어지고 뜯긴 거미줄처럼 되지 않기 위해 어린 자식들이 빗나가지 않게 새끼줄로 꽁꽁 묶는 심정으로 우리 형제들을 감싸고 품으며 인고의 삶을 사셨다.

마른 지푸라기는 꺾어진다. 짚 타래가 완성되고 형상화하려면 손질하는 과정이 우선 선결되어야 한다. 새끼를 꼬려면 짚은 아랫부분의 억센 쪽은 나무로 만든 메로 메질을 하여 부드러워지면 검불을 추려냄으로써 헝클어진 머리를 가지런하게 단장하듯 손질해야 한다. 한편 새끼를 꼴 때 지나치게 건조해 다루기 힘들 경우 약간의 물을 뿌려주면 부드러운 생명체처럼 다루기 쉬워진다. 그렇게 손질한 짚단에 별빛에 반사될 때 윤기가 흐르면 새 생명체인 새끼를 다시 태어날 준비가 끝난 셈이다. 거미줄도 끈끈한 점성이 있을 경우 실타래는 우박이나 태풍이 불어와도 흐트러지거나 끊어지지 않는다. 그렇게 일기가 불순한 날에 거미줄은 포물선을 그리며 널뛰기를 하지만 어려운 환경에 잘 적응하며 버텨낸다. 어머니도 긴 겨울밤을 지새우며 힘겨워 몸과 마음이 흔들리며 포물선을 그렸을지 몰라도 절대로 굴하거나 희망의 끈을 놓지 않았다.

바람은 그물에 걸리지 않는다. 나는 새끼를 꼬다 잠이 오면 메질로 부드러워진 짚단을 이불로 삼고 그대로 잠이 들기도 했다. 깊은 밤 "쓱쓱~, 바스락~ 바스락!" 새끼 꼬는 소리가 잠결에 귓전에 맴돌았던 적이 숱하다. 그렇지만 어머니는 자식들을 위해 힘들고 어려워도 중단하지 않고 끊임없이 새끼줄을 꼬고 또 꽜다. 자식들의 무병과 행복을 끊임없이 달과 별에게 비손하며 당신의 한(恨)과 역경과 고난은 운명의 거미줄 그물망 사이로 연기처럼 날려 보내려 일구월심으로 기원했으리라.

어머니의 손때 묻은 된장이 그리워진다. 농촌의 새끼줄은 없어서는 안 될 귀중한 존재이다. 쓰임새는 땔나무 대, 고춧대, 곳간의 가마니 대 등을 비롯하여 장독 옹기 항아리 입구를 보호하기 위해 쐐기를 틀기도 한다. 또한 우리 전통의 장맛을 내기 위해 간장이나 된장 항아리 안에 새끼줄에 숯과 메주와 고추 등을 매달아 넣어두기도 한다. 어머니의 세월 속에 손때 묻어나는 새끼줄의 된장에 희망의 맛을 매달았다.

신종 코로나바이러스 감염증(코로나19)으로 피로해진 마음과 정신 상태에서 점점 일상의 모습으로 회복되고 있다. 지난 몇 년간 우리의 얼굴에는 거미줄과 같은 마스크가 일상화되었다. 서서히 비대면 사회에서 대면 사회로 바뀌면서 모두의 얼굴에 웃음과 행복이 만연한 모습이 거미줄과 어울려 바람에 나부낀다. 우리들의 얼굴에서 마스크가 하나둘 벗겨지면서 거미도 어둠 속에서 거미줄에 내려앉은 이슬을 걷어내고 있다. 거미줄에 걸려있는 속이 텅 비고 윤기 없는 벌레와 비틀어진 나뭇잎 따위도 사위어 가는 달빛을 바라보며 손짓한다. 밝은 날이 서서히 시야를 넓힌다. 거미는 여전히 안식처에서 기다림의 미학에 달관했는지 파수꾼처럼 여전히 제자리를 지키고 있다.

나무에 걸린 햇볕이 거미줄에 내려앉는다. 말라비틀어진 나뭇잎과 유충 껍데기 따위도 이슬의 무게에 못 이겨 힘없이 내려앉는다. 어머니는 새끼를 꼬면서 가족들의 사랑과 희망을 연결되길 기원했었다. 그 인연이 끊어질까 봐 하얀 밤을 지새우며 새끼를 비벼 꼬면서 간절히 기원하고 빌었다. 헛간에 쌓였던 어머니의 새끼 줄 타래에도 거미줄의 추억이 서렸다.

2022년 05월 22일 일요일

우시장 가는 길

들판 가장자리에 누렁소가 한 마리가 머리를 박고 있다. 논두렁을 에워싸고 있는 벼들은 가지런하게 물구나무서기를 한다. 허공을 향해서만 내달리는 들판의 들풀은 허리를 굽힐 줄 모르고 있었다. 싱그러운 들판을 보고 있으니 생동감이 넘치고 힘이 솟아나는 것 같다. 들풀 속에 가늘고 작은 잎들이 감추고 있는 속마음을 들춰내 보려고 누렁소는 고개를 땅에 박고 코를 벌름거리며 흙냄새에 취해있었다.

살랑대는 봄바람에 누렁소는 하얀 이빨을 드러내며 미소를 짓는다. 하늘 향해 코를 벌름거리는 누렁소 모습이 들풀 위로 비추어진 해그림자에 더 빛나고 있었다. 누렁소는 코뚜레를 하지 않았다. 자연의 새로운 생명으로 가득 차 있는 봄풀 같은 어린 소이었다. 갑자기 '음매~ 음매~'하며 어미를 찾았다. 생이별한 어미 소를 찾는 여린 울음소리가 메아리가 되어 되돌아왔다. 이 소리를 듣다가 불현듯 어릴 적 고향 추억이 주마등처럼 떠올랐다. 뜻하지 않게 아련한 어린 시절 추억을 회상하며 생각에 잠기기도 했다.

지난 1970년대 산업화와 도시화 열기가 온 나라를 휩쓸던 초등학교 고학년 시절이었다. 그 시절 한 농가에서 소를 여러 마리 키우기 힘든 형편이라서 대부분 한 마리씩 키우는 게 고작이었다. 이런 환경의 농촌에서 형편이 어려운 경우엔 소 배내기를 사육하기도 했다. 그런데 소 배내기는 위탁인과 수탁인 간에 맺는 계약에 따라 배냇소, 어울리소, 도짓소 등으로 나뉠 수 있었다. 이들 중에 배냇소와 어울리소는 소 사육을 통해 소득을 올리려는 목적에서 이루어졌다. 그리고 도짓소는 축력(畜力)을 이용해 농사를 짓기 위한 것이었다.

당시 우리 집에서도 배냇소 형식으로 송아지를 수탁인 몇 농가에 사육하도록 계약을 했던 기억이 아른아른하다. 배냇소는 새끼를 밸 때가 된 두 살쯤의 어치기이기도 하지만 보통은 태어난 지 3~5개월 정도의 목 달개를 어린 소이거나 코뚜레를 꿴 송아지였다. 배냇소의 계약 기간은 보통 24개월이었다. 송아지는 태어난 지 약 2년, 나이로는 3년 정도가 되면 새끼를 낳는다. 그러면 송아지가 3달 정도 되어 젖을 뗀 다음 어미 소는 우리 집에 돌려준다. 그 대신에 새로 태어난 송아지 이른바 '배냇 송아지'는 키운 사람이 갖는 것이었다. 그런 후 2년이 지나면 수탁인들은 젖을 뗀 어미 소를 돌려주겠다고 했다. 그때 아버지는 직장 생활로 인하여 시간을 낼 수가 없어 어머니와 나는 젖을 뗀 새끼를 찾아 우는 어미 소를 팔기 위해 우시장을 자주 찾기도 했다.

우시장은 우리 집에서 10km쯤 떨어진 다른 지역 면사무소 소재지에 오일장으로 서고 있었다. 우시장 가는 날은 이른 새벽 여물에 콩 한 바가지를 듬뿍 넣어 구수한 김이 무럭무럭 나도록 끓인 쇠죽을 넉넉히 주었다. 그러면 코를 드르렁거리며 우걱우걱 잘도 씹어 먹었다. 얼마나 잘 먹던지 엄청나게 큰 구유(죽통)에 수북하게 주어도 순식간에 먹어 치우기 일쑤였다. 그럴 때면 아직도 배가 덜 찼지 싶어 쌀겨 한 바가지를 물 한 양동이에 풀어 구유에 추가로 부어주면 그것도 게 눈 감추듯 들이켰다. 그럴 즈음 소의 배가 불룩하게 불러 살진 소처럼 보였다. 결국 우시장 가는 날엔 다른 날에 비해서 특별식을 제공했었다. 그런 특식을 제공하는 감춰진 속내는 어쩌면 팔려갈 소의 울음소리를 또다시 들을 수 없다는 애잔함 때문이었을지도 모른다. 앞으로 닥쳐올 사연을 소는 아는지 모르는지 왕방울만 한 눈만 깜빡거리는 모습이 아직 어둠이 벗어나지 않아 전등 불빛에 선명했다.

새벽이 오기 전에 길을 나서야 했다. 우시장의 명당자리를 차지하기 위해서였다. 겨울철은 해가 머무르는 시간이 얼마 되지 않는 상황에서 먼길을 오가야 하기에 때로는 소고삐를 잡아끌며 서둘러야 하는 경우도 더러 있었다. 우시장 가는 날에는 소의 워낭은 떼어두고 가기 때문에 아직 어둠이 얼어붙은 비포장도로 위는 적막하기만 했다. 우보천리(牛步千里)를 연상하게 했다. 소는 새벽에 먹은 것을 저장해 놓은 것을 되새김질해가며 지루한 길을 터벅터벅 묵묵히 걸어가고 있었다. 소의 되새김처럼 모든 일에서 여러 차례 되풀이해 챙기며 생각한 뒤에 결정하고 실행에 옮기는 지혜가 모두에 필요하지 싶다.

찬 기운의 느낌에 잔뜩 움츠러들기도 했었다. 특히 온 천지가 얼어붙은 엄동에 차디찬 냉기를 뚫고 오가던 길에서는 만감이 교차하기도 했다. 그럼에도 우시장을 찾을 때마다 뭔지 모를 설렘과 애잔한 마음 교차되기도 했다. 그 이유는 솟값을 제대로 받고 싶었던 기대와 정 들여 길렀던 소와 이별을 한다는 사실 때문이었다.

우리 면 소재지에서 우시장 가려면 너나없이 '홍곡1리(마조리)' 부락 뒷동네 재를 넘어가는 지름길을 택해 오갔다. 가파른 오르막길을 들어서면 희뿌옇게 날이 밝아온다. 고요한 적막 속에 산 오솔길에 걸을 때면 소는 정든 곳을 떠난다는 사실을 동물적인 감각으로 인지하고 서운한 감정을 나타내려는지 유난히도 꼬리를 많이 흔들어 댔다. 만일 사람이라면 복잡한 심경을 말로 표현하련만 그렇지 못한 소는 비틀거리며 심하게 꼬리를 흔들며 오르막 산길을 가쁜 숨을 내쉬며 묵묵히 걸을 뿐이다. 그런 모습이 안쓰러워 나는 이마에 땀을 훔치며 위에 걸치고 있던 잠바를 벗어 소의 등을 덮어 주기도 했다.

우시장에 들어서기 무섭게 소 장수는 재빠르게 고삐를 낚아채 자기 자리에 고삐를 매어놓았다. 그동안 오는 길에 한

번도 울지 않던 소가 다른 소들의 울음소리와 사람 소리로 왁자지껄한 시장 분위에 놀랐던 때문인지 '음매~~'하고 울었다. 시장 분위기를 익히려고 우두커니 서서 이런저런 구경을 할 때였다. 어머니는 언제 우시장을 돌아보며 거래되는 솟값을 확인하셨는지 "우리 소는 얼마 선에서 거래하겠다."라고 내게 넌지시 말씀하시곤 했다. 살아오면서 터득한 지혜가 어머니를 그리 만든 게 아닐까. 소의 성격도 사람처럼 천차만별이었다. 어떤 소는 소 장수 앞에서 발목이 부러질 듯 버티는 경우가 있다. 그런가 하면 어떤 소는 고삐만 슬쩍 당겨도 순순히 따라오는 소도 있었다.

우시장 입구 간이식당은 언제나 오가는 사람들을 유혹했다. 그 아궁이에 걸려있는 양은 가마솥에는 푸짐하게 돼지 비곗덩어리가 둥둥 떠 있으며 돼지고기가 삶아지면서 군침을 돌게 하였다. 지금 생각하면 엉성한 나무 탁자와 긴 의자에는 '거간'인 중개인과 소 주인이 흥정하면서 막걸릿잔을 주고받기도 했다. 소 장수와 바람잡이 등 여러 사람이 어우러져 흥정을 붙이는가 하면 시장을 찾은 사람들의 허기진 배를 채워주기도 했었다. 어쩌다 그곳에서 국밥 한 그릇 먹을 때면 뚝배기 가득한 국물에 삶아서 소쿠리에 둘둘 말아 놓았던 국수를 넣어 주었는데 지금도 그 맛을 잊을 수 없다. 오랜 세월이 지난 요즘에도 옛날 생각이 떠오를 때면 이따금 오일장 장날 소 울음소리를 들으며 먹었던 해장국을 찾는 버릇이 남아 있다.

긴 어둠을 벗 삼아 수없이 오가며 걸었던 길이었다. 가파른

'홍곡1리(마조리)' 부락 뒤 산길을 오르며 오들오들 떨어야 했던 서러운 추억이 주마등처럼 스쳐 지나간다. 언젠가 함께 이 길을 걸었던 누렁소와의 얽히고설킨 사연들이 굽잇길 어딘가에 남겨져 나를 찾고 있지나 않을지 모르겠다. 저쪽 외진 구석에서 "음매~~ 음매~~" 누렁소의 애절한 소리가 공명(共鳴)처럼 귓전에 울린다.

연자방아*

_그 느린 회전의 기억

꽃샘추위 속에서도 느긋하게 잃어버린 시간을 찾아오듯 봄은 우리 곁으로 다가온다. 찬바람 속에서도 길 위에는 봄기운이 스며들고 그 기운은 자연스레 고향에서 어린 시절의 기억을 불러일으킨다. 무엇에 이끌렸는지 모를 발걸음은 어느새 봄의 향연 속으로 빨려들어 나를 듯 가볍기 그지없다. 길모퉁이 벚꽃은 밤새 새하얀 속살을 있는 대로 몽땅 드러낸 채 활짝 피어나 싱그러운 아침 햇살을 받아 유난히도 반짝인다. 그렇게 꽃이 피는 계절이 돌아오면 유년 시절의 고향 마을과 그 속에서 보냈던 아름다운 추억이 선명하게 떠오른다.

비학산 법광사 기슭에 길게 늘어선 벚나무 아래에서 마을 어른들이 손에 손을 잡고 원을 그리며 돌던 화전놀이의 풍경이 떠오른다. 그 모습이 마치 봄바람 속에서 막 움트기 시작한 새싹처럼 생기발랄하게 되살아난다. 마냥 행복하게 웃으며 부르던 노랫소리와 화전을 부치던 고소한 냄새를 비롯해 그날의 따뜻한 햇볕과 환한 웃음을 짓던 아름답고 행복한 정경들이 봄볕을 타고 되살아난다. 그 속에는 단지 봄을 즐기던 놀이뿐 아니라 함께 어우러져 사는 기쁨과 정이 있었고 세대를 잇는 문화의 향기가 배어 있었다.

유년 시절 자라며 뛰놀던 마을 앞 실개천의 둔덕 위에는 오래된 연자방아가 있었다. 그는 단순한 방아나 놀이 도구가 아니었다. 유난히 맑았던 하늘 바람에 흩날리던 벚꽃 잎이 꿈결처럼 아름답던 봄날에 조용조용히 회전하던 연자방아의 모습은 마치 멈춘 시간을 되돌리는 시계처럼 느껴졌다. 바닥에 놓인 크고 단단한 돌 위에 중심을 딛고 선 쇠축과 그 축을 따라 묵직하게 돌아가던 윗돌은 마치 세상의 이치를 설명해 주는 듯했다. 친구들과 함께 쇠축을 잡고 빙글빙글 돌리던 그 순간들은 단순한 놀이가 아니었다. 우리는 그 속에서 자연의 흐름과 노동의 의미와 함께 산다는 것의 가치를 배워나갔다. 그 느린 회전 속에는 계절의 변화가 담겨 있었고 마을 사람들의 하루하루가 조용히 흐르고 있었다.

세월이 흘러 도시 생활에 익숙해진 지금 빠르게 돌아가는 세상 속에서 숨 가쁘게 살아가고 있다. 사람들은 시간을 아끼기 위해 더 빠른 길을 택하고 기계는 사람의 손보다 더 많은 일을 해내며 일상은 점점 더 속도를 높여간다. 그 속에서 까마득하게 잊고 지냈던 고향의 기억들이 불현듯 그리움으로 되살아난다. 이제야 깨닫는다. 어릴 적 쇠축을 잡고 돌던 연자방아의 느린 회전은 단순한 물리적 움직임이 아니었다는 것을 알았고 또한 삶의 리듬이며 중심을 잡아주는 무언의 가르침이었다. 아무리 세상이 급하게 돌아가더라도 천천히 한 걸음씩 나아가는 것이 결국 가장 멀리 갈 수 있는 길이라는 진리를 연자방아는 묵묵히 보여주고 있었다.

어느 늦은 오후 고향의 둔덕을 찾았다. 연자방아는 여전히 그 자리를 지키고 있었다. 이제는 더 이상 사용하지 않아 퇴물일지라도 그 어떤 조각상보다도 큰 의미를 담고 있는 상징적인 존재였다. 조용히 응시하다가 깨달았다. 연자방아는 단지 과거의 추억이나 마을의 유물이 아니었다. 그것은 우리 삶의 본질을 고스란히 담고 있었다. 중심이 흔들리면 회전할 수 없고 균형이 무너지면 모든 것이 멈추어진다는 사실을 알았다. 인생 또한 그와 다를 바 없다. 어릴 적 아무 생각 없이 장난삼아 돌리던 쇠축 그것이 이제는 자연의 법칙과 삶의 원리를 일깨워 주는 귀중한 스승처럼 느껴졌다.

도시의 회색 골목을 걷다가 우연히 길가 나무에 맺힌 이슬방울을 바라보던 어느 순간 문득 연자방아가 떠올랐다. 비록 지금은 기계가 곡식을 찧는다. 따라서 소가 더 이상 그를 돌리거나 밭을 갈지도 않는다. 하지만 마음 한편에는 여전히 그 느림과 묵묵한 인내심 그리고 쉼 없이 돌아가던 삶의 리듬이 살아 있었다. 연자방아는 멈춘 듯 보이지만 그 안에는 멈추지 않는 도도한 혼(魂)과 역사의 흐름이 담겨 있었다. 그 조용한 회전은 지금도 내 안에서 천천히 그러나 끊임없이 이어지고 있다.

연자방아는 마을 사람들의 기둥이자 정신적 지주였다. 그것은 단순히 곡식을 찧는 도구가 아니었다. 마을의 중심에서 오랜 세월 사람들과 함께 호흡하며 마을을 지켜온 수호신인 동시에 마을공동체의 삶을 지탱하던 역사적인 유물이었다. 그를 돌리며 우리는 단단한 마음과 올곧은 마음을 길렀다. 기계가 아닌 몸으로 돌려야 했기에 결을 타야 했고 일정한 방향을 유지하며 회전해야만 했다. 그 속도와 방향감은 곧 사람의 삶에도 연결된다. 우리는 연자방아처럼 꺾이지 않는 마음으로 살아야 하며 한 방향으로 묵묵히 나아가도록 일깨웠다. 삶이 때로는 느려 견뎌내기 어려울지라도 흐름을 벗어나지 않고 순응해야 함을 암묵적으로 알려줬다. 결국 연자방아는 말없이 올곧게 살아가는 삶의 지혜와 자세를 가르쳐 주었다.

봄이 다시 오고 벚꽃이 피어나면 어김없이 연자방아를 떠올린다. 그것은 단지 오래된 농기구의 기억이 아니다. 어머니의 따뜻한 손길과 친구들의 웃음소리를 비롯해 농부들의 땀과 기다림이 고스란히 스며든 살아 있는 기억이다. 손때 묻은 쇠축을 잡고 돌리던 우리들의 작고 순진한 손길들이 모여 지금의 나를 만들었다는 사실을 생각하면 가슴이 뭉클하고 먹먹해진다.

지금까지 느리지만 곧고 단단하게 중심을 잃지 않고 한 걸음씩 삶의 길을 걸어왔다. 앞으로도 그 길을 묵묵히 쉼 없이 걸을 요량이다. 연자방아가 전해준 느림의 철학과 깊은 의지는 쇠축과 함께 삶을 접을 때까지 나를 지탱해 주는 정신적 지주가 될 것이다.

======

* 연자방아(연자매) : 연자매도 윗돌과 밑돌에 쓰이는 커다란 돌을 구해야 하고 축력(畜力)에 의존하는 부담이 있어 소가 귀한 농촌에서는 설치하기가 쉽지 않았다. 하지만 작업량이 많기 때문에 널리 보급되어 개인이나 마을 공동 소유로 이용했다. 그 원리는 윗돌의 중심에 구멍을 뚫고 나무막대를 가로질러서 소의 멍에에 고정하면 소가 돌면서 돌을 돌리게 된다. 돌은 요철(凹凸)로 만들어져서 집어넣은 곡식이 돌아가는 돌의 압력에 눌려 으깨어지며 껍질이 벗겨지거나 가루가 나오도록 만들어져 있다.

2025년 04월 07일

항아리 속에 담긴 시간

시간은 언제나 길이 되어 흐른다. 나의 기억 속에서 아버지의 시간은 막걸리 향기와 함께 익어갔다. 당신의 하루는 양조장에서 시작되었다. 아직 해가 뜨기도 전에 당신은 막걸리 한 사발로 몸을 데우고 하루를 열었다. 그 한 사발 속에는 단순한 술 이상의 것이 담겨 있었다. 그것은 당신의 다짐이었고 인생의 무게였다.

소쿠리 채반에 누룩을 씻는 당신의 손은 마치 오랜 시간의 흔적을 품고 있는 듯 보였다. 물살 속을 헤집는 손끝마다 당신의 삶이 녹아있었다. 당신의 손은 단단했지만 그 손끝에 맺힌 물방울은 때때로 고된 하루를 증명하듯 반짝였다. 누룩을 씻는 과정은 단순한 일이 아니었다. 그건 지난 하루의 아픔과 고단함을 씻어내는 의식과도 같았다.

항아리 앞에서 한참을 서 있던 당신의 모습이 눈에 선하다. 항아리를 바라보며 말없이 많은 생각을 품었다. 당신이 뿜어낸 한숨 속에는 가족을 책임져야 한다는 무거움과 동시에 우리를 위해 힘내야 한다는 결심이 담겨 있었다. 슬픔은 항아리 속에 쏟아내고, 다시 다짐은 마음속에 담았다. 그 항아리는 단순히 막걸리를 발효시키는 그릇이 아니었다. 그것은 당신의 슬픔을 흡수하고, 위안을 숙성시키는 당신만의 공간이었다.

아버지의 인생은 종종 엉킨 실타래 같았다. 얽히고설킨 누룩처럼 복잡한 문제들이 괴롭혔지만, 늘 차분히 그것을 풀어나갔다. 엉킨 누룩을 조심스럽게 풀어내듯, 삶의 어려움도 한 가닥씩 정리해 나갔다. 때로는 그 과정이 더디게 느껴졌지만, 멈추지 않았다. 오로지 한 걸음씩 앞으로 나아갔다.

양조장은 당신에게 단순한 일터 이상의 의미를 지녔다. 거친 바람이 스며드는 허름한 공간이었지만, 그곳은 그의 삶의 터전이자 우리 가족의 생계를 책임지는 희망의 공간이었다. 언젠가 그 자리를 내주는 날이 올지라도, 결코 후회하지 않을 것이다. 그곳에서 인생의 무게를 견디며 웃음을 잃지 않았다. 채반 그물을 놓아 끌어올리듯, 일상의 작은 행복도 놓치지 않았다. 한 번의 미소, 한 모금의 막걸리, 그 작은 순간들이 당신에게는 충분한 보상이었다.

삶은 결코, 순탄하지 않았다. 당신의 삶에도 눈물 없는 골짜기는 없었다. 하지만 언제나 그것을 이겨냈다. 슬픔을 마주할 때도 그것을 외면하지 않았다. 마치 막걸리가 항아리 속에서 발효를 통해 깊은 맛을 만들어내듯 당신의 시간도 그렇게 익어가고 있었다. 슬픔과 고통은 시간이 지나면서 점차 인생의 깊은 향기로 변해갔다. 그것이 바로 당신의 삶의 방식이었다.

당신에게 막걸리는 단순한 생계 수단이 아니었다. 그것은 그의 혼이 깃든 작품이었다. 누룩을 고르고 물과 쌀의 비율을 정하는 순간부터 모든 과정에 자신만의 정성과 철학을 불어넣었다. 좋은 막걸리를 만들기 위해 날씨와 온도를 비롯해 습도까지 세심히 관찰하며 하루하루를 보냈다. 그의 손끝에서 태어난 막걸리는 단순한 음료가 아니라, 삶이 담긴 예술이었다.

당신이 자부심을 느낄 때는 막걸리를 마신 사람들이 술맛을 칭찬할 때였다. 그들은 한 모금에 담긴 깊은 맛과 향을 이야기하며, 그 술 속에 깃든 정성을 알아보았다. 그들의 말에 겸손하게 웃으셨지만, 눈빛 속에는 한없는 뿌듯함이 담겨 있었다. 그것은 단순히 잘 팔리는 술이 아니라, 우리 전통을 이어가는 열정이 인정받는 순간이었다.

막걸리를 빚는 과정은 단순한 노동이 아니었다. 그것은 전통을 지키고 이어가는 사명이었다. 술을 빚으며 조상의 지혜와 문화를 되새겼다. 막걸리는 현대의 빠른 소비 속에서도 느림과 기다림의 미학을 보여주었다. 발효 과정에서 시간이 천천히 흐르는 동안, 그 속에서 우리는 조용히 자연과 조화를 이루는 삶의 가치를 배웠다.

오늘날에도 막걸리는 사람들의 입맛을 즐겁게 하고, 마음을 따뜻하게 만든다. 그것은 단순한 음료가 아니라, 우리의 역사와 문화 그리고 혼이 담긴 작품이다. 나는 그의 열정과 장인

정신을 존경하며, 그의 길을 이어가고 싶다. 당신이 보여주신 그 깊이 있는 삶의 방식은 내가 나만의 막걸리를 빚어가는 데에도 커다란 영감이 될 것이다.

당신의 길은 여전히 유유히 흐르고 있다. 당신의 삶은 멈추지 않고 오늘도 익어간다. 당신이 남긴 항아리 속 막걸리처럼, 당신의 이야기는 우리 가족의 삶 속에서 계속 숙성되고 있다. 그 길을 따라 나도 나만의 항아리를 만들어가고 있다. 당신이 보여주신 삶의 방식은 시간이 흘러도 변하지 않을 것이다. 그것은 나에게 언제나 길잡이가 될 것이다.

2025년 01월 05일

비학산 무제등*

비학산은 언제나 그 자리에 있었다. 골짜기를 따라 흘러내린 시간은 산 능선을 따라 잔잔한 수묵화처럼 펴져 있었다. 한편 초여름의 구름꽃바람은 능선을 휘돌아 부드럽게 온 산을 감쌌다. 하지만 그해 여름 비학산의 기운은 사뭇 달랐다. 연일 이어지는 가뭄 속에 나무의 숨결조차 메말라 갔다. 바람은 있었지만 촉촉함은 없었다. 하늘은 높고 푸르렀어도 그 아래의 대지는 쩍쩍 갈라진 채 아무 말이 없었다.

비학산 기슭 법광사 절간 처마 밑에서 풍경소리만 가물거리듯 울려오고 들판의 모든 소리는 사라진 듯했다. 마치 자연이 숨을 죽인 채 하늘만 바라보는 느낌이었다. 요사이 전국적으로 산불이 번지고 있다는 소식은 들려왔다. 사람들은 한결같이 하늘을 올려다보며

"비가 와야 한다." 혹은 "하늘이 좀 움직여줘야 한다."라고 중얼거렸다. 눈을 감자 멀리서 소달구지 소리가 들려오는 듯했다. 수리 시설이나 모든 것이 부족하던 그 시절 어릴 적에 들었던 농촌의 숨결이 다시 주마등처럼 떠올랐다. 비학산 기슭에 서 있었다. 삶은 늘 자연과 함께였고 그것은 늘 간절함과 마주한 날들이었다. 마을 어르신이 말했다.

"예전에 말이여, 비학산 무제등 근처 산소를 한번 파헤치니까, 정말 하늘에서 번개 치고 비가 쏟아졌지 뭐여."

그 말은 예사롭지 않았다. 오래된 전설처럼 퍼져 있던 그 이야기가 이웃 마을 사람들의 입에서 다시 들려오기 시작했다. 결국 사람들은 하나둘 비학산 무제등으로 향했다. 논은 이미 모내기를 마친 상태였지만 논바닥은 메마르고 벼는 시들어가고 있었다. 그러나 무엇보다도 더 절실했던 것은 논바닥보다도 더 깊이 쩍쩍 갈라진 사람들의 마음이었다. 삽을 든 손이 거칠었다. 젊은이와 노인 그리고 아낙네들까지도 호미를 들고 묘역으로 올라섰다. 산소는 조심스럽게 파헤쳐졌다. 죄스러운 마음이었지만 이것은 살아남기 위한 간절함이었다. 또 다른 이들은 기우제를 지내기도 했다. 돌무더기를 쌓고 장작

을 피워 혼불을 올렸다. 사람들의 기도는 눈빛으로 전해졌고 아무 말도 하지 않아도 모든 이의 가슴엔 같은 울림이 있었다.

기우제의 시간이 길어지면서 비학산 정상에서 바람이 바뀌었다. 어른들의 말로는 '바람 줄기가 뒤집히는 느낌'이었다. 하늘은 금세 어두워졌고 따사롭던 햇살은 구름에 덮였다. 그리고 천둥과 번개가 쳤다. "우르르, 쾅!" 순간 뇌성처럼 울리는 천둥소리에 아이들이 놀랐고 사람들은 침묵 속에서 하늘을 올려다보았다. 그 순간 얇은 소나기 한줄기가 떨어졌다. 이어진 굵은 빗줄기는 메마른 대지를 적셨고 비학산은 물기를 머금기 시작했다.

"비다! 비가 온다!"

누군가 외쳤고 사람들의 얼굴은 젖어 들었다. 눈물인지 아니면 빗물인지 알 수 없는 물방울들이 흘러내렸다. 그 누구도 소리 내 울지 않았다. 하지만 젖은 흙을 쥔 손끝에서 흐느낌 같은 떨림이 전해졌다.

비가 내린 뒤 논은 말랑해졌고 벼는 고개를 들었다. 마치 목마르던 생명이 되살아나는 듯한 순간이었다. 마을 사람들은 다시 논으로 나갔다. 쭈그리고 앉아 잡초를 뽑고 손바닥으로 흙을 다듬으며 그저 조용히 땀을 흘렸다. 아무도 그날의 일을 입 밖에 내지 않았다. 산소를 파헤친 것에 대한 죄책감도 있었다. 그렇지만 하늘이 내려준 비는 우리를 살게 했고 우리 마음을 씻어주었기 때문이었다. 농사는 자연을 상대하는 일이다. 인간의 뜻만으로는 안 된다. 때론 기도해야 하고 때론 엎드려야 한다. 생명의 일부가 되어야 한다.

그해 여름 마을은 평온했다. 가을엔 풍년은 아니었을지라도 모두가 기대 이상의 수확을 거뒀다. 누군가는 말했다.

"하늘이 우리를 버리진 않았구먼…"

비학산 무제등 봉우리에는 여전히 돌무더기가 옛일을 기억하듯 잘 다듬어 남아 있다. 누군가는 그곳을 '무제등 제단'이라 불렀다. 그 돌 사이에는 아직도 누군가의 손바닥 자국이 남아 있을지도 모른다. 절박했던 생의 흔적이며 기도였던 그날의 기억 말이다.

간혹 비학산을 오른다. 그리고 돌무더기 앞에 선다. 조용한 마음으로 눈을 감는다. 그날의 혼불을 기억하듯 그 자리에는 누군가 올려놓은 작은 돌무더기가 그대로 남아 있다. 바람은 능선을 돌며 그날의 목소리를 다시 불러온다. 그때와 똑같은 소리가 환청처럼 들려온다.

"비나이다. 비나이다…"

이 소리는 비단 비를 부르는 주문이 아니라 이 땅을 살아가는 우리가 간절히 바라는 모든 염원의 언어일 것이다. 하늘은 알고 있다. 우리가 얼마나 간절했는지를 그리고 비학산은 말없이 그 기도를 안고 있다.

비학산은 말이 없다. 늘 그렇듯 너른 품으로 마을을 감싸안고 조용히 누워 있다. 지금은 수리 시설이 발달하고 기상청이 예보를 해주지만 자연과 인간 사이의 깊은 소통은 여전히 같은 방식으로 이어지고 있는지도 모른다. 산등성이를 타고 흐르는 바람은 숲을 흔들고 구름은 그 능선을 따라 흐른다. 마치 오래전 신화의 한 장면처럼 그곳에는 시간이 느리게 흘러간다. 가끔 그 산을 바라보며 이런 생각을 한다.

"이 산은 우리가 살아가는 이야기를 기억하고 있을까?"

비학산은 알고 있다. 그 절박함이나 그 순수한 염원을 비롯해 그날 기적처럼 내렸던 비의 숨결도 모두 말이다.

======

* 무제등 : 포항시 북구 신광면 비학산 산마루 무제등(428m). 이 재에 오르면 탁 트인 동해바다가 한눈에 잡힌다.

2025년 04월 06일

작은 나무 의자에 앉은 마음

_서해 끝 섬, 백령도 진촌리에서의 기억

바람이 바다를 밀고 오는 날이면 어김없이 섬 끝자락 작은 슈퍼의 유리문을 덜컥거리며 열었다. 먼지 낀 유리 안쪽에는 빛이 바래고 낡은 나무 의자 하나가 한편에 놓여 있었다. 삐걱거리는 그 의자는 아버지의 자리였다. 말없이 하루를 견뎌내던 그 자리는 가족의 중심이자 섬에서의 삶을 지탱하는 하나의 기둥이었다.

출입문이 열릴 때마다 아버지는 고개를 들었다. 사람이나 바람을 막론하고 언제나 같은 눈빛으로 바라봤다. 그 눈빛에는 아이들을 육지로 보내야만 했던 아버지의 복잡한 심경이 배어 있었다. 떠나야만 살아남는다는 체념에 가까운 말 "떠나야 산다."라는 늘 아버지의 입술 끝에서 맴돌았다.

아버지는 먼 북쪽에서 태어났지만 정작 자신은 떠나지 못한 채 이 섬에 뿌리를 내렸다. 파도를 타고 넘나드는 배를 보며 젊은 시절을 살아냈고 이후 골목 끝 작은 슈퍼를 열었다. 외상 장부만 쌓여가는 가게에서 삶을 이어졌으며 갯벌이 물러나면 어머니의 망태를 대신 메고 바다를 따라나섰다. 지게 대신 빈 배낭을 등에 메고 해거름을 담아 돌아오곤 했다.

어머니는 바다의 여인이었다. 썰물이 지나간 갯벌 위에 무릎을 꿇고 갈퀴로 조개를 캤다. 거센 바닷바람에 얼굴은 타들고 손가락 끝은 갈라졌으며 허리는 점점 굽어졌다. 그럼에도 어머니는 그 어떤 날도 힘들다고 말한 적이 없었다. 오히려 아이들 도시락 반찬이 충분한지 학교에 보낼 준비물은 다 챙겼는지를 걱정했다.

그런 부모 곁에는 네 명의 딸들이 있었다. 큰딸은 그림책 한 권으로 세상을 여행했고, 둘째는 달빛 아래 시를 쓰며 꿈을 키웠다. 셋째 은아는 엄마의 망태 속 조개처럼 작고 반짝였으며, 막내는 가게 창문 밖의 별을 헤아리며 별자리 이름을 외웠다. 작디작은 슈퍼와 방 두 칸짜리 집은 가족 모두의 세계였고 그 안에는 사랑과 삶이 살아 숨 쉬었다.

하지만 섬은 네 자매를 오래 품어줄 수 없었다. 백령도의 현실 속에서 부모는 결단할 수밖에 없었다. "보내자. 더 멀리, 더 나은 길로." 그렇게 자식들은 하나둘 도시로 떠나갔다. 아이들이 떠난 뒤 어머니는 조용히 망태를 메고 갯벌로 향했다. 그리고 아버지는 어둠이 드리우고 나서 별빛이 유난히 빛날 때까지 말없이 슈퍼 문을 열고 그 낡은 나무 의자에 앉아 있었다.

그날 아버지는 유난히 말이 없었다. 막내의 짐을 챙기던 어머니는 땀 냄새 밴 셔츠와 까나리 젓갈 한 병과 조개와 미역으로 모은 돈을 담은 봉투를 무심히 챙겼다. 아버지는 아무 말도 하지 않은 채 의자에 앉아 막내의 뒷모습이 골목 끝으로 사라질 때까지 시선을 떼지 않았다. 담배 연기 사이로 비친 그 눈빛은 그 어떤 말보다도 깊었다.

자식들이 모두 떠나고 집 안은 조용해졌다. 방은 넓어진 듯했지만 실은 더 비좁아졌다. '부재'라는 이름의 빈자리들이 구석구석을 채워나갔다. 어머니는 여전히 갯벌로 향했고 아버지는 여전히 의자에 앉아 오고 가는 손님을 맞으며 슈퍼를 지켰다. 때로는 어머니의 망태를 대신 메고 때로는 어두운 골목길 끝을 바라보며 자식들의 안부를 가슴에 묻기도 했었다.

어머니는 갯벌 위에서 자주 멈춰 섰다. "이 바다에도 아이들의 추억이 묻혀 있을까." 진흙보다 무거운 삶을 이고 있으면서도 어머니의 마음은 늘 아이들의 뒷모습에 닿아 있었다. 다시 돌아온 집에서는 아버지 옆에 조용히 앉아 말없이 하루를 마무리했다. 두 사람 사이에는 말보다 더 깊은 온기가 흘렀다.

적지 않은 세월이 흐른 뒤에 가게는 문을 닫았다. 어머니와 아버지도 이제는 갯벌과 골목길에서 조금씩 멀어졌다. 하지만 내 기억 속 작은 나무 의자 하나는 여전히 그 자리에 있다. 먼지가 내려앉은 그 위에는 아버지의 시간이 앉아 있고 가게 벽에는 자식들이 보내온 사진들이 빛바랜 채 남아 있다.

이제 우리 네 자매는 도시에서 각자의 삶을 살아가고 있다. 하지만 언젠가 우리도 아버지처럼 의자에 앉아 자신을 돌아보게 되리라. 그리고 알게 될 것이다. 그 작고 낡은 의자 하나가 가족의 무게를 어떻게 견뎌내고 있었는지를.

파도는 닿을 듯 말 듯 하다가 밀려오고, 끝내 어머니의 망태 속으로 물러난다. 부모의 사랑도 그렇다. 보내야만 했기에 보낸 것이 아니라 더 멀리 가라는 마음으로 조용히 등을 밀어준 것이다.

이제 섬에는 봄이 오고 갯벌 위에는 다시 조개껍데기가 햇살을 반사한다. 어머니는 굽은 허리를 펴고 바람에 실려 오는 바다의 냄새를 맡는다. 말없이 작은 나무 의자에 조용히 내려앉은 아버지의 그림자를 기억한다. 갯벌에 망태를 내려놓던 어머니의 손길은 지금도 선명하다.

작은 나무 의자 하나. 그 위에 앉은 부모의 삶은 바다보다 깊었고 별보다 빛났으며 육지보다도 넓은 사랑이었다. 그곳에는 지금도 가족의 중심이 있다.

2025년 04월 15일

설악산 봉정암*에서

설악의 여름은 계곡물 따라 향기를 뿜어냈다. 오락가락하는 빗방울 벗 삼아 한 걸음 한 걸음 다가가는 봉정암 기도의 여정이 그저 흐뭇하기만 하다. 가파른 돌계단과 고개를 오르내리며 휘도는 길섶에 피어난 풀꽃들과 싱그러운 녹음이 쉬엄쉬엄 가란다. 산골짜기를 타고 불어오는 바람과 시원스레 계곡을 흐르는 물소리에 한결 걸음이 가볍다. 연신 흘러내리는 땀방울을 훔치며 몸에 걸친 옷의 단추를 풀어헤치며 휘적휘적 걸었다. 그렇게 더위와 밀고 당기며 오르는 길에 폭포수 소리의 음률에 여기저기 널려있는 기암절벽을 건반 삼아 상상의 연주하다 보니 발걸음은 한결 가뿐하고 경쾌했다.

살아가면서 알게 모르게 수많은 인연을 맺게 마련이다. 오가는 길에 서로 옷깃 한번 스치는 것도 인연으로 매우 소중하다. 아주 작고 미미한 인연에 감사하고 소중히 여기며 그 참뜻을 저버리지 않을 경우 상상 이상의 큰 인연으로 이어지는 밀알이 되기도 한다. 자칫하면 우리는 단순히 가족이나 이웃을 비롯해 주변의 지인들과의 인연을 한정하지만 결코 그게 아니다. 불교의 범망경(梵網經)*에 의하면 "옛적부터 금생에 이르는 동안 모든 중생이 나의 부모와 형제가 아님이 없었다." 라고 이르고 있다. 이런 맥락에서 부처님이 이르는 효심은 단순히 부모나 형제에 국한되지 않고 모든 중생에게 베푸는 자비이기도 하다. 누구에게 무엇을 바라지 않고 스스로 염원하고 다짐하는 중에 서로의 인연은 하나의 끈으로 이어진다.

여름철 설악의 험준한 오르막은 무념무상의 경지에 이르지 않으면 오르기 어려운 길이다. 무더운 날씨에 계곡을 따라서 오르며 그늘이 주는 소소한 행복도 알았고 쉼이 주는 편안함도 깨우쳤다. 한 발 한 발 발길을 옮기다 보면 자연이 베풀어 주는 크고 작은 혜택이 고맙고 행복했다. 몸과 마음은 땀에 젖어 지쳐가고 머리카락이 뒤엉키는 상황에서도 왠지 모를 흐뭇함과 편안함에 빠진 채 뚜벅뚜벅 옮기는 발걸음에 귀를 기울이며 무심코 걷는다.

앞서가던 할머니 한 분의 우렁우렁한 음성이 산의 메아리에 부딪혀 들려온다. "쉬엄쉬엄 쉬어가면서 가지요, 물이나 한잔하면서"라고 말하며 당신이 먹던 컵에 가득 물을 채워 건네준다. 당신도 지쳐 쉬다가 혼자서 길고 가파른 계단을 힘겹게 오르며 고통에 일그러진 내 모습이 애처로워 보였던가 보다. 지나치려다 돌아보니 울퉁불퉁할지라도 제법 넓은 돌 위에 걸터앉으셨다. 옆에는 짊어지고 온 가방과 험한 산길에 짚고 오셨을법한 지팡이가 아무렇게나 놓여 있었다. 할머니의 꾸부려진 허리 때문에 앉으나 서나 같아 보였다. 그런데 힘겹게 짊어지고 온 저 가방에는 지난 세월 동안 쌓은 업보나 번뇌가 무겁게 담겨 있을까 아니면 세상을 향해 베풀었던 아름다운 공덕이 담겨 있을까? 아마도 할머니는 세상 모두를 자비의 마음으로 대하고 옳은 일에 용기를 가질 줄 아는 보살의 도를 지켜온 삶의 주인공이었다. 그런 때문에 할머니의 가방에는 부처님의 자비가 가득하리라.

설악의 산길 노을은 기암절벽에 부딪혀 넘어온다. 꽃잎이 진자리에서 열매가 익어가는 자연의 이치에 생각이 미치다가 불현듯 어머니가 그리워졌다. 꽃길만 걸으며 살지는 못했다. 하지만 공덕의 아름다움은 남기고 저승으로 떠나지 않으셨을까. 해가 떠오를 때 개다리소반에 정갈한 정화수 한 그릇 떠놓고 가정과 안녕을 비롯하여 가족의 건강과 무탈을 빌고 또 빌 던 모습으로 남아 있는 어머니다. 그런가 하면 어떤 경우라도 가족에게 싫거나 서운한 내색하지 않았던 후덕함이 표나지 않는 당신의 덕목이었다. 우리 눈에 바람은 보이지 않으나 나뭇가지를 보며 바람의 방향을 알 수 있듯이 어머니의 마음과 정성이 가족의 행복을 바라는 바를 읽을 수 있었다. 심산유곡의 봉정암 불뇌사리(佛惱舍利) 탑전에 서니 어머니의 정성으로 맺게 해준 꽃과 열매의 소중함이 새삼스럽다. 그럼에도 이제까지 그런 사실을 제대로 깨우치지 못했던 우매한

미몽에서 허우적거렸다.

칠흑 같은 어둠 속에 설악 산정 암자(庵子)에 별빛은 유별나게 총총했다. 얼마나 별과 눈싸움을 하며 이런저런 사념에 잠겼었을까. 그때 문득 평소 시답잖다고 여겼던 소소한 일상이 소중하고 마뜩하지 않아 밀고 당기며 실랑이를 되풀이하던 사람들이 그리워졌다. 또한 뜬금없이 세상의 많은 사람에게 은혜를 받고 살고 있다는 생각에 미쳤다. 그러면서 많은 은혜를 베풀어 주었거나 끊을 수 없는 인연으로 이어진 이들을 위해 정화수를 떠놓고 비손*하던 어머니의 모습을 떠올리며 나를 되돌아봤다. 새벽녘 스님의 설법에 "생물체는 본인이 지은 업(業)에 의해 끊임없이 윤회한다고 한다. 사람은 누구나 죽으면 끝나는 것이 아니라 본인 업장에 따라 극락과 지옥에 과보(果報)를 받기도 하고 다른 생명으로 태어나기도 한다."라는 얘기였다. 어제 낮에 길에서 만났던 꼬부라진 할머니 물 한 모금이 행복의 비타민이 되었다. 아울러 그 옛날 어머니의 정화수가 공덕의 씨앗이 되어 펴져 가길 빌고픈 순간이었다. 그때 산사의 뜨락에 이제 막 떠오르는 정갈한 아침 햇살이 가득했다.

=======

* 봉정암(鳳頂庵) : 신라 선덕여왕 때 창건된 천년고찰 봉정암은 설악산 백담사의 암자로 대표적 불교 성지인 5대 적멸보궁 가운데 하나이다. 보물 제1832호이며 "불자라면 생전에 꼭 한번 참배해야 한다"는 봉정암 오층석탑은 부처님의 뇌사리를 봉안했다고 전해져 '불뇌사리보탑(佛腦舍利寶塔)'이라고 호칭된다.

* 적멸보궁(寂滅寶宮) : 원래는 석가모니가 설법을 펼친 보리수 아래의 적멸도량을 이르는 전각이었다. 하지만 석가모니 사후에는 그의 사리를 봉안하는 절, 탑, 암자 등을 뜻한다. 보통 절의 시설은 전(殿)이나 각(閣)이라고 한다. 하지만 석가모니의 진신 사리를 봉안한 절은 보궁(寶宮)이라고 하여 궁(宮)으로 높여 호칭한다. 현재 우리나라에 남아 있는 5대 적멸보궁은 통도사 적멸보궁, 상원사 적멸보궁, 법흥사 적멸보궁, 정암사 적멸보궁, 봉정암 적멸보궁 등이다.
* 범망경(梵網經) : 대승계(大乘戒)에 관한 경전. 상권에는 보살의 심지(心地)가 전개되어 가는 모양을 밝혔고, 하권에는 10중 48경계를 설하고 있다(비슷한 말 : 범망(梵網)).
* 비손 : 두 손을 비비면서 신에게 병이 낫거나 소원을 이루게 해 달라고 비는 일(비슷한 말 : 비숙원).

2021계간 詩와늪 봄호(51집) 2차 추천 완료(수필부문) 김용덕

순례자의 경건함이 배어나는 마음 길에 대한 진솔한 고백에 귀 기울이며

김용덕 님의 신인상 마지막 관문인 '2차 추천 작품'을 '설악의 봉정암에서'로 뽑았다. 종교를 가지지 못한 입장에서 종교의 신자들이 순례에 나서는 모습은 탐진치(貪瞋癡)를 초월하여 잡다한 번뇌나 망상에서 자유로워진 진솔한 영혼과 믿음에 대한 무한한 신뢰가 마냥 부러웠다.

님의 '설악의 봉정암에서'는 불자(佛子)인 작가가 순례 길에서 대하는 자연과 소소한 인연을 청아하고 정갈하게 조곤조곤 들려주는 티 없는 혼의 속삭임이고 깨달음의 소리이다. 어느 순례 길이 꽃길인 경우가 있으랴. 여느 경우처럼 님이 나선 봉정암을 향한 길도 무더운 여름날 빗방울이 흩뿌리는 심란한 상황이 분명했다. 높디높은 설악의 정상 언저리에 자리한 암자를 찾는 오르막의 고행길임을 남의 얘기 하듯이 서두(序頭)에서 슬쩍 던져 놓고 시침을 떼고 있다. 하지만 그런 상황을 별것 아닌 듯이 여기며 문학적으로 승화시켰다는 맥락에서 작가의 내공을 엿볼 수 있는 대목으로 그런 점을 높이 샀다.

님의 얘기이다. “오락가락하는 빗방울 벗 삼아 한 걸음 한 걸음 다가가는 봉정암 기도의 여정이 그저 흐뭇하기만 하다. 가파른 돌계단과 고개를 오르내리며 휘도는 길섶에 피어난 풀꽃들과 싱그러운 녹음이 쉬엄쉬엄 가란다. (중략) 그렇게 더위와 밀고 당기며 오르는 길에 폭포수 소리의 음률에 여기저기 널려있는 기암절벽을 건반 삼아 상상의 연주를 하다 보니 발걸음은 한결 가뿐하고 경쾌했다.”

무더운 여름날 저 높은 장상쯤에 자리한 봉정암을 향해 오르다 보면 숨이 턱턱 막히고 다리가 떨려 주저앉고 싶은 게 인지상정이리라. 그런 힘겨운 오르막을 기어오르며 인연을 생각하고 범망경(梵網經)에서 이르는 가르침을 떠올리며 진정한 부처님의 자비를 생각하는 자기 승화와 도량은 님의 고유한 목소리와 가치 철학을 올곧게 들려주는 문재(文才)의 일부로 앞으로 작품 활동에 크게 보탬이 될 안목이 분명하다.

기진맥진 가파른 산길을 헉헉대며 오르는 과정에서 이름 모를 할머니가 들려주는 지혜를 작품이 살아 숨 쉬는 혈맥으로 설정한 구성은 참으로 걸출한 시도이다. 아울러 여기서 할머니 가방 속에 들어 있는 게 궁금한 게 아니라 어쩌면 자신의 삶에서 지켜온 마음속에 무엇이 들어 있을까 알고 싶음을 에둘러 그렇게 표현했을 법하다. “앞서가던 할머니 한 분의 우렁우렁한 음성이 산의 메아리에 부딪혀 들려온다. 쉬엄쉬엄 쉬어가면서 가지요, 물이나 한잔하면서 라며 당신이 먹던 컵에 가득 물을 채워 건네준다. (중략) 그런데 힘겹게 짊어지고 온 저 가방에는 지난 세월 동안 쌓은 업보나 번뇌가 무겁게 담겨 있을까, 아니면 세상을 향해 베풀었던 아름다운 공덕이 담겨 있을까?"

설악의 산길을 걷는 도중 서산에 지는 해의 노을을 지켜보다가 문득 오래전 저승으로 떠나신 선비(先妣)를 떠올렸다. 그리고 가족을 위해 일생을 희생하신 거룩한 당신이었다. 그럼에도 불구하고 어떤 경우에도 가족에게 싫거나 서운한 내색을 하지 않으시던 후덕함이 덕목이었단 사실을 깨달았다. 그 같은 고마움에 전율하는 심사를 담담히 고백하며 자성에 다다르는 모습의 기술에서 님의 품격과 중후함을 드러내는 편린으로 비범함이 번득였다.

님은 돈독한 불자가 분명함을 장광설 없이 넌지시 표출하는 출중함을 엿보이고 있다. 그 험한 오르막을 걸어 찾은 봉정암에서 맞는 밤의 여명이 밝아오기 전인 인초(寅初) 무렵에 기상하여 고요한 산사에 영롱하게 빛나는 별을 헤아리기도 하며 이런저런 사념의 바다를 헤매기도 했다. 그러다가 정화수 떠놓고 가족과 가정을 위해 비손하던 선비(先妣)를 다시 떠올리며 그리움을 곱씹기도 했다, 그리고 새벽 예불에서 스님께 들었던 설법을 중언부언하지 않고 들려주는 기법의 선택은 대덕고승이 던져주는 화두를 직접 전해 듣는 것 같아 모든 중생의 가슴에 공명(共鳴)케 하는 빼어난 설정이 틀림없고 도드라져 보였다. 스님 전하는 설법 요체이다. "생물체는 본인이 지은 업(業)에 의해 끊임없이 윤회한다고 한다. 사람은 누구나 죽으면 끝나는 것이 아니라 본인 업장에 따라 극락과 지옥에 과보(果報)를 받기도하고 다른 생명으로 태어나기도 한다."라고.

끝으로 아직 글의 얼개를 손보고 전개와 서술의 완벽이라는 관점에서 갈고 닦을 여지가 남아 있었다. 하지만 기본적으로 문재나 정신이 올곧고 진취적인 성품을 바탕으로 지속적인 정진을 한다면 우뚝한 문학적 업적을 이루리라는 믿음에서 신인상 최종 관문인 2차 심사의 통과에 기꺼이 손을 들어주며 축원키로 했다. 다시 한번 등단을 축하드리며 문운이 활짝 열려 대성하여 우뚝한 별이 되시기를 기원한다.

■ 1차 심사위원 : 예박시원, 배성근, 김세홍, 김청수, 김진석, 정인환
■ 2차 심사위원 : 최채규, 한판암, 임신행, 양동대, 배문석, 김명호

신축년(辛丑年) 정월 축일(祝日)
심사위원 일동 합장

[당선 소감]

깊고 어두운 밤을 헤치고 떠오르는 해는 더 빛이 난다. 매일 떠오르는 해이지만 신축년 정초에는 특별한 희망이 담겼다. 몇 년 만의 강한 한파로 인해 산을 찾는 사람들은 자연이 만들어낸 한 폭의 그림에 순백의 장관을 담고자 사진 찍기에 정신이 없다. 하지만 일 년의 계획은 정초에 세운다고 했다. 황벽 희운 선사께서 이르시길 "추위가 한번 뼈에 사무치지 않는다면 어찌 코를 찌르는 매화 향기를 얻을 수 있으리오."라고 말했습니다. 지난 새해에는 등산용 스틱으로 눈 터널을 가르고 짊어지고 간 배낭이 눈썰매가 되어버린 설악산으로 해맞이를 하러 가기도 했었다. 하지만 몇 년간 자신의 간절한 마음과 정성이 부족한 탓으로 원력을 돌아보지 못했다고 말해야 옳지 않나 생각된다.

강한 한파로 인해 대지는 체온에 의지한다. 설악을 포근히 감싸는 불뇌사리탑으로 향하는 발걸음에서 설렘이 느껴진다. 지난 시간 속에 사회활동이나 취미 등을 하면서 자신을 채찍질하면서 써온 글이 컴퓨터 본체, 한 모퉁이에 걸쳐있었다. 시대의 흐름에 밀려 버려지기 직전에 불뇌사리탑의 자비와 기도 소리가 설악산 기암절벽에 부딪혀 생명의 빛으로 반사되어와서 '시와 늪'의 인연으로 고개를 내밀고 있다. 기온이 내려가면 내려갈수록 대지는 무적의 대상이 되고 강한 추위와 어둠 속을 몸부림치듯이 비집고 올라오는 보리 새싹의 생명체처럼 다시 빛을 발하고 있다. 글을 쓰는 것은 행복의 산물이라는 사실을 일깨워주고, 세상과 자신이 공동체라는 통섭의 시대로 나아가는 길로 인도해주고 기원해주신 심사위원 한 분 한 분께 감사드립니다. 신축년 새해에는 한결같은 마음으로 두 손 잡고 하해와 같은 은혜에 보답하기 위해 정진에 정진을 거듭하겠습니다. 감사합니다.

2021년 01월 김용덕 올림

5부

삶의 고갯길에서 피어난 눈빛

지리산에서 길을 묻다

인생은 길이다. 때로는 평탄하고 때로는 가파르다. 길을 잃고 헤매기도 한다. 하지만 길을 걷는 자만이 끝을 볼 수 있다. 어느덧 예순을 넘기고 나니 시간의 흐름이 더욱 빠르게 느껴진다. 지나온 날들이 파도처럼 밀려온다. 그중에서도 젊은 날 지리산을 올랐던 기억이 유난히 선명하다. 이십 대 후반 삶의 방향을 찾기 위해 고민하던 시절이었다. 어디로 가야 할지 몰라 망설이던 때였다. 길을 찾기 위해 지리산으로 향했다. 가슴 속에는 막연한 희망과 불안이 뒤섞여 있었다. 그곳에 가면 답을 찾을 수 있을 것 같았다.

지리산에는 수많은 봉우리가 있다. 무작정 그 산을 찾았다는 것이 지금 생각하면 무모하기 그지없다. 설한풍이 매서운 겨울밤에 낯선 길을 걷기 위해서는 두려움보다 용기가 앞서야 했다. 허름한 가방에 목장갑 몇 켤레에 초코파이 한 통을 넣고 무작정 떠났다. 등산화도 없이 운동화를 신고서 대구에서 버스를 타고 지리산으로 향했다. 해가 지고 어둠이 깔릴 무렵에 버스 안에는 나와 기사만이 남아 있었다.

“어디까지 가는 길인가?”

“지리산에 갑니다.”라고 말하니

기사는 걱정 어린 얼굴로 말했다.

“지금 날씨가 영하 25도야. 눈도 많이 쌓였어. 오늘은 민박에서 자고 내일 올라가는 게 좋겠네.”

무모한 도전과 안전한 선택 사이에서 마음은 흔들렸다. 결국 민박에서 하룻밤을 묵기로 했다. 랜턴도 없이 달랑 지도를 한 장 손에 든 채로 눈 덮인 밤길을 오르는 것은 무모했다. 창밖으로 바라본 지리산의 능선은 한없이 고요했다. 그 속에서 무언가를 찾아야만 했다. 길을 잃지 않으려면 먼저 길을 기다려야 한다는 것을 그때 깨달았다.

새벽 다섯 시인데 하얀 눈이 달빛을 받아 반짝였다. 차가운 공기가 폐 깊숙이 스며들었지만 이상하게도 마음은 따뜻했다. 한 걸음 한 걸음 내디디며 젊음의 열기와 함께 길을 걸었다. 하얀 눈 위에 찍히는 내 발자국이 길이 되어 가고 있었다. 적막 속에서 자연의 거대한 숨결을 들으며 반야봉 산장에 도착했다. 그곳에서 나는 묵묵히 살아가는 사람들을 보았다. 산은 변함없이 그 자리에 있었고 인간은 그 앞에서 한없이 작았다. 그러나 길을 걷고 있다는 사실 자체가 의미가 있었다. 뜨거운 라면 한 그릇으로 허기를 달래고 다시 길을 재촉했다.

천왕봉까지는 30km가 넘는 거리였다. 그러나 산은 나를 부르고 있었다. 누군가 했던 말이 떠올랐다. "어리석은 자도 산에 머물면 지혜로운 사람이 된다." 그 말을 되새기며 눈길을 걷고 또 걸었다. 발은 점점 빠지고 차가운 한기가 살을 에었다. 운동화는 이미 젖어 있었고 체력은 고갈되어 갔다. 앞서 간 이들의 발자국이 길을 만들어주었지만 점점 희미해지는 결기와 지친 몸이 나를 시험했다.

백무동 근처 백소령에 이르렀을 때 더는 걸을 수 없을 것 같았다. 젖은 장갑과 운동화는 몸을 끌어당겼고 능선을 따라 오르내리는 길은 나를 더욱 지치게 했다. 바위 모퉁이에 몸을 기댔을 때 따뜻한 온기가 느껴지는 듯했지만 그것은 착각이었다. 겨울 산에서 움직이지 않고 정지하거나 주저앉으면 곧장 몸이 얼어붙는다는 것을 알고 있었다. 차가운 바람이 피부를 할퀴었고 몸이 점점 얼어가 움직이기도 힘들어졌다. 그 순간 나는 겨울 바다 위를 떠다니는 얼음 조각처럼 느껴졌다. 그러나 포기할 수 없었다. 길은 계속 가야 했다. 나는 다시 몸을 일으켰다. 포기하지 않는 것 그것이 곧 살아가는 힘이었다. 산길을 걸으며 나는 나 자신에게 물었다.

'나는 어디쯤 와 있는가?

어디로 가야 하는가?'

내면의 길을 묻고 또 물었다. 그리고 깨달았다. 여기서 멈춘다면 앞으로 나아갈 수 없다. 길은 계속되고 있었고 나 또한 다시 걸어야 했다. 깊은 침묵 속에서 스스로 다독이며 마음을 다잡았다. 그 길을 묻던 질문은 결국 외부가 아니라 내 안에서 찾아야 할 화두였던가.

세석산장에 도착했을 때 눈앞의 촛대봉과 멀리 보이는 천왕봉이 저녁노을과 함께 붉게 물들고 있었다. 자연이 전하는 섭리에 순응하며 걸어야 한다는 깨달음이 섬광처럼 밀려왔다. 길을 묻던 나는 이제 길을 찾았다. 세상의 어둠 속에서도 길은 존재하며 걷는 자만이 그 길을 발견할 수 있었다. 어둠이 짙어지면서 길을 잃은 것 같은 순간도 있었다. 그러나 나무 위에 걸린 눈송이가 떨어지는 모습조차도 자연의 흐름이었고 그것은 내게 순응하라는 메시지를 전하고 있었다.

지리산에서의 긴 여정은 내 인생의 축소판이었다. 산행을 마친 후 탈진으로 한 달간 병상에 누워 삶의 고뇌를 마주해야 했다. 그러나 그것은 결국 방황하고 넘어지고 다시 일어서는 발판이 되었다. 삶의 길목에서 길을 묻는 것은 어쩌면 당연한 일이다. 그러나 중요한 것은 멈추지 않는 것, 그리고 나아가는 것이다.

나는 또 다른 길을 향해 걷고 있다. 지리산이 내게 알려준 것처럼. 그때 나는 지리산의 품에서 길을 묻고 있었다. 아니, 어쩌면 길은 언제나 나와 함께 있었는지도 모른다.

2025년 01월 31일

해거리

지난해 늦가을 설악산 산행을 별렀건만 끝내 뜻을 이루지 못하고 접어야 했다. 공룡능선을 오르고 싶었다. 백두대간의 한 줄기를 매년 가을이 오면 한 차례씩 오르내리던 코스이다. 힘든 산행을 하게 된 연유는 설악산만의 비경에 푹 빠진 이유도 있다. 하지만 내게는 무엇인가를 찾고픈 희망의 등불 같은 숨겨진 사연이 있다.

아마도 불혹(不惑)에 접어들 무렵부터였다. 매일 이른 새벽에 지역의 팔공산(八公山)의 갓바위를 오르곤 했다. 그때 만나는 등산객 중에 어떤 이는 쓰레기봉투를 들고 다니면서 함부로 버려진 폐지나 비닐을 열심히 줍는 특이한 경우도 더러 눈에 띄었다. 한편, 정상에 오르면 그날의 날씨에 따라 달라지는 운무가 산의 날개를 접기도 하고 펼치기도 했다. 그 같이 펼치는 자연의 아름다운 그림 같은 형상에 감동하여 허우적거릴 때였다. 그 광경을 함께 지켜보던 어떤 이가 "설악산의 신비한 비경을 연상케 한다."라고 독백처럼 중얼거렸다. 그렇게 우연히 들었던 한 마디가 내 뇌리에서 떠나지 않았다.

그래서 확인해 볼 요량에서 달랑 지도 한 장 쥐고 설악산을 찾아 나섰다. 그게 벌써 여러 해 전 어느 가을의 일이다. 설악산 공룡능선을 등반 중에 외진 산기슭에서 비박(bivouac)하던 이를 만났었다. 분명 늦가을이었다. 설악산의 가을밤은 겨울과 다름이 없었다.

어둠이 깊어가면서 산사의 고요함도 더해갔다. 만경대(萬景臺)에 자리한 오세암(五歲庵)의 목탁 소리도 추위에 얼어가고 있었다. 주위의 나무와 풀들도 늦가을의 싸늘한 기온에 놀라 잔뜩 웅크리고 있었다. 생명체들은 붉게 물들어가는 산빛을 안고 깊어가는 밤의 한기(寒氣)를 온몸으로 견뎌내고 있었다. 그런 상황에서도 살아 있는 숨소리를 들을 수 있어서 다행이다. 산사 옆 계곡에 흐르는 물소리는 생태계가 살아 있음을 웅변하는 것 같아 위안이 되기도 했다. 하지만 적막은 깊어져 법당 안은 고요의 심해 같았다. 고요의 바다에 화두를 던지듯이 스님께서 “공수래공수거(空手來空手去)”라는 설법을 전해주셨다. 되새기며 생각하니 탈무드의 지혜에 “모든 소유를 팔아 지혜를 사라.”는 말이 떠올랐다. ‘내가 가진 모든 것은 잠시 점유하는 것이지, 소유하는 것은 아니다.’라는 일깨움이 아닌가! 법당 안의 대중들은 무슨 소원을 바랄까?

늦가을 오세암은 점점 더 적막의 늪으로 침잠하는 모양새였다. 그런 오세암을 뒤로하고 길을 재촉하기로 했다. 왜냐하면 그 밤에 백두대간의 한 자락인 공룡능선을 등반해야 했기 때문이다. 어두운 밤이 드리워진 숲길 따라 마등령을 향해 출발했다. 칠흑 같은 밤에 추위와 바람을 이기기 위해 서로 엉겨있어 나무숲에 가려 하늘빛은 보이지 않았다. 태초의 모습 그대로 길에 널려있는 돌과 바위너설을 넘나드는 험준한 길의 연속이었다. 짙은 어둠과 험상궂은 바위가 수시로 앞을 가로막아 두려움에 떨며 으스스 움츠러드는 마음을 달랠 요량에서 자꾸만 하늘을 바라봤다. 그러면서도 포기하거나 되돌아가지 않고 흐르는 땀을 훔치면서 한 걸음 한 걸음 끝없이 전진하다 보니 칠흑 같았던 밤이 항복하고 손을 들었나 보다. 드디어 마등령에 이를 무렵 하늘빛이 보였다. 경계를 잇는 긴 터널을 빠져나오는 느낌이었다. 마등령은 내설악과 외설악을 가로지르는 백두대간의 한 줄기이다. 이따금 돌풍처럼 불어닥치는 험한 바람과 구름에 몸이 똘똘 말린 멍석말이가 되기도 했다.

아직도 어둠이 가시지 않고 어슴푸레한 빛이 첫 새벽을 열 즈음 설악산의 척추 격인 공룡능선으로 들어갔다. 능선은 공룡의 기괴한 등뼈를 연상케 한다. 기묘한 암봉들로 이루어진 가파른 등줄기는 용트림하는 화감암으로 이루어져 있다. 주위에는 고산식물이 근근이 뿌리내린 생명체들뿐이다. 어렴풋이 먼동이 트며 하얀 산세의 자태가 언뜻언뜻 나타나기 시작했다. 그때 지척에서 뜬금없는 인기척이 감지되었다. 화들짝 놀라 잔뜩 웅크리고 주위를 천천히 둘러봤다. 저만큼 떨어진 기슭의 숲 사이로 고개를 내미는 눈동자가 있었다. 서로가 너무나 놀라 멀거니 바라볼 뿐이었다. 그 주인공은 남자로서 몸에 두툼한 옷을 걸치고 있었다. 그리고 그의 옆에는 큰 배낭과 텐트가 있었고, 안에서 불빛이 새 나왔다. 그가 놀란 표정을 감추지 않고 내게 물었다.

"어떻게! 이렇게 이른 새벽에"라고

"오세암에서 출발해서 왔다."라고 내가 답했다.

그가 말했다. "먼 산행을 해서 올 줄이야! 이른 시간에"라고.

내가 말했다. "고산지대에 이른 새벽에 사람이 있을 줄이야!"라고

서로가 어둠이 가지 않는 고산지대 산속에서 만나니 동병상련을 느꼈다.

눈빛으로 소통했다. 희끄무레한 하늘빛으로 겨우 피아를 구분할 수 있을 지경이었다. 그런데 남자는 배당 속에서 김이 서린 커피잔을 밀어, 내 앞에 놓으며 마음을 끌어당겼다. 어떤 사연으로 비박을 하게 되었는지 물어봤다. 그가 답했다.

"사업을 하고 있어 2년마다 늦가을에 설악산 공룡능선을 산행하고, 고산지대의 식물을 관찰하면서 삶의 용기와 인내를 배우고 느낀다."라고.

식물과 어울리며 삶의 지혜를 터득하는 그의 모습을 그려봤다. 아울러 고산지대는 삶의 때가 묻지 않아 청정무구한 신

선의 세계 같아 거기에 며칠간만이라도 머물면 덩달아 마음과 영혼이 정갈해지지 싶어 그가 무척 부러웠다. 이런 연유에서 고산지대의 식물에는 어떤 것이 있을까 가만히 손꼽아봤다. 추위와 바람을 이기기 위해 서로 엉겨 붙어 군락을 이루고 살아가는 만병초가 그 대표적인 예이리라. 그들은 일정한 곳에 빽빽하게 군집(群集)을 이루어 살며 잎은 보온과 바람막이 역할을 하고 있다. 잎에는 부동액이 들어있어 추위에도 얼지 않는다. 만병초 군락에서 그들이 서로 의지하며 상부상조하는 것은 의(義)를 뜻하며, 잎의 부동액에서는 고산지대를 산행하는 체력과 강한 정신을 의미하는 것으로 인(仁)을 뜻하지 않을까 싶었다.

아울러 눈 속에 묻혀 추위를 이기는 복수초(福壽草)는 바람에 의한 수분 손실과 체온 감소를 방지할 수 있는 식물이다. 복수초에서는 웃어른을 섬기는데 예(禮)를 다하여 보호하되 자신을 낮추는 이치를 터득했다. 또한 강한 바람을 분산시키는 난쟁이패랭이꽃은 둥근 방석 모양으로 모여 살아가는 식물이다. 난쟁이패랭이꽃은 작지만 서로가 손을 잡고 살아가는 지(智)에서 슬기로움을 터득했다. 한편 척박한 환경을 이기기 위한 담자리꽃나무는 덤불처럼 땅 위에 달라붙어 거센 바람을 피하고 땅의 온기를 받아들이는 식물이다. 담자리꽃나무는 서로가 신의(信義)를 바탕으로 해서 나무와 바위 따위를 가리지 않고 붙어살아가는 모습이 고상해 보이기도 한다.

"높이 나는 새가 멀리 본다."라는 속담이 떠오르는 대목이다.

생물의 다양성은 인간의 생존에 절대적이다. 신종 코로나바이러스 감염증(코로나19)을 겪으면서 생태계가 파괴되고 균형이 깨지는 것은 그 어느 구성원에게도 이로울 것이 없다. 또한 상호 의존해야 생존할 수 있다는 사실을 올바르게 터득시켜 주고 있다.

미명(未明)의 첫 새벽에 그를 처음 만나고 나서 몇 년 지난 뒤에 공룡능선에서 다시 한번 재회하고 다시 만날 수 없었다. 그는 2년마다 설악산을 찾는다고 했다. 그것도 비박으로 고산지대 공룡능선을 찾는다고 했었다. 우연일까? 식물이 해거리를 통해서 생태계의 문제를 슬기롭게 조절하는 섭리와 맥(脈)을 같이하는 걸까? 신종 코로나바이러스 감염증이 끝나면 설악산 공룡능선 산행을 서둘러야겠다. 공룡의 비경과 고산식물의 생존 이치를 살피는 산행은 그 어떤 경우보다 나 자신을 위해서 유익하다는 관점에서 생각만 해도 마냥 설렌다.

2021년 05월 24일

케렌시아(Querencia)

멀리 무지갯빛에서 초록빛이 아른거린다. 강습한 한파에 잔뜩 웅크린 채 고개를 들고 올려다보니 독서실의 글자가 주위의 네온사인에 반사된 빛이었다. 길바닥에 떨어져 나뒹구는 낙엽처럼 마음이 내려앉는다. 어제 갑자기 비가 내렸다. 계절의 색깔을 입혀주는 낙엽이 소식을 전한다. 어제 비가 온 뒤에 기습한 한파가 초겨울 까만 밤의 발길을 재촉했다. 강한 한파 속의 말간 초겨울 밤에 비추는 빛은 더더욱 선명하게 빛난다. 낙엽을 밟으며 발길을 재촉하는데 누군가 버린 19공탄의 연탄재가 쓰레기통에서 빼꼼히 얼굴을 내밀고 있었다. 반사된 독서실의 글자를 머릿속에서 되뇌고 있을 때 등잔불 같은 희망을 품은 사연이 떠올랐다.

한 번도 겪어보지 않은 신종 코로나바이러스 감염증(코로나19) 때문에 언택트(untact) 문화에 적응해 나가고 있다. 손에 손을 잡고 어깨동무하던 시절이 그리워지는가 하면 만남이 제한되면서 따스한 정이 메말라가는 것 같다. 19공탄 연탄불에 언 손을 녹이던 시절을 회상하다 보니 문득 '케렌시아(querencia)'라는 말이 생각났다. 투우장의 소가 투우사와의 마지막 일전을 앞두고 잠시 숨을 고르는 자기만의 공간인 안식처 혹은 피난처를 '케렌시아'라고 한다. 우리가 살아가는 현실에서 스트레스를 풀며 안식을 취할 수 있는 공간을 의미하기도 한다. 다른 사람들과 단절하거나 고립된 삶을 살지 않더라도 자신만의 공간에서 휴식과 재충전으로 에너지를 재충전하는 곳을 뜻하기도 하다.

아마도 이십 대 시절 내게도 '케렌시아'라고 할 수 있는 독서실의 공간 한 모퉁이 자리가 안식처였다. 독서실 책임자가 새벽 5시가 되면 한 치의 오차도 없이 불어대는 호루라기 소리에 놀라 나무 의자를 겹겹이 붙여 놓고 누웠던 자리를 박차고 일어나야만 했다. 또한 다른 사람의 시간과 공간을 확보해 주기 위해 밤 12 이전에는 취침할 수 없었다. 그러므로 그 공간에 잠자리를 펴는데도 나름의 엄격한 규칙이 정해져 있었다. 통상적으로 밤 12시 이후가 되면 내일을 기약이라도 하듯 자리의 조명이 서서히 꺼지면서 오가는 발걸음 소리도 자연스럽게 멎었다. 적막한 공간에도 끈질긴 한두 명은 머리맡의 작은 등을 밝히고 삶의 줄다리기를 하기도 했다. 그런 밤이면 타들어 가는 19공탄이 실내 보온을 위해 은은히 타오르며 빛을 발하면서 초 겨울밤을 지키고 있었다. 쥐 죽은 듯한 적막이 감도는 실내에서 19공탄 난로 위에 놓여있는 주전자에서 물이 끓으며 살아 숨 쉬는 것 같이 호흡을 하는 모습으로 투영되기도 했다. 그렇게 적막한 공간이었을지라도 내게는 희망과 꿈이 용솟음치는 안식처였다.

숱한 밤마다 잠들지 못해 뒤척일 때면 어김없이 19공탄이 발산하는 따스한 온기를 안고 싶은 생각뿐이었다. 깜깜한 독서실 딱딱한 의자를 붙이고 누웠다가 한기가 엄습하면 추위를 달랠 요량에서 옛 생각을 하면서 음악을 들어보기도 했었다. 잔잔히 흐르는 음률은 어둠의 무게에 내려앉기도 했다. 19공탄도 간혹 생채기를 내기도 했다. 이럴 때는 의자 위에 몸은 어스름한 동굴바위의 부처손*처럼 엉겨 붙어 있다가 부스스 떨구어지기도 했다. 추위와 어둠의 시간을 생각으로 외면한 채 박쥐처럼 적응하면서 살아가는 내게도 신뢰 같은 희망이 있기도 했다. 또한 장독 속의 장처럼 숙성되고 발효되어 썩지도 않고 흐르지도 않고 그윽하게 부활하고 싶었다. 빛도 바람도 차단한 채 내 삶의 어느 마디를 눈 딱 감고 봉인해 두고 싶었다. 어둠이 깊어질수록 새벽이 가까워지듯이 내면에 집중하면 내면이 좁아져 원심력으로 마음의 원을 그리며 내공을 다지기도 했다. 땀 내음과 손때 묻은 의자와 책상들의 향내가 그리워지곤 했다.

나만의 안식처였던 독서실 안에서의 19공탄도 그 존재를 뚜렷이 나타내기도 했다. 검은 19공탄을 때던 시절 살짝 스쳐 지나기만 해도 흔적을 남기며 자신의 존재를 알렸다. 그것은 봄에 대지에서 파릇파릇 돋아나는 생명의 흔적과 일맥상통하기도 했다. 한편 큰 줄기에서 뻗어 나와 섬세한 잎맥을 형성하고 곁가지가 이리저리 갈라져 맺은 잎은 어느 방향으로 피울지를 가늠하기 어렵다. 비록 열악한 환경의 독서실이라고 해도 나에게는 아득한 공간이 분명했다. 그래서 꿈을 좇는 청소년기의 희망이 판타지 같이 펼쳐지던 장소이기도 했다.

젊음은 타들어 가면서 빛을 발한다. 청년기는 이상과 현실의 끊임없는 충돌이었다. 오래 다녀 익숙해졌던 골목길도 걸어 나섰다가 낭패를 보는 경우도 있다. 어느 날 갑자기 시멘트벽이나 시설물이 눈앞을 가로막아 미로처럼 변한 길을 마냥 헤매며 몇 바퀴 돌고 나서 가까스로 목적지를 발견할 때도 있다. 가끔은 지각변동과 같은 변고가 일어나 대기를 흔들어 먹구름을 몰고 와서 성난 파도를 일으키기도 한다. 이럴 때 독서실 건물 옥상에 올라서면 마천루에 까만 밤하늘의 별빛이 내리꽂히기도 했다. 부딪쳐 반사되어온 빛에 무거워진 눈꺼풀은 내려갈 줄 모르고 어둠 속의 불빛에 눈동자만 빛을 발하기도 했다.

황혼의 끝자락은 부드럽기 그지없다. 굴곡진 삶의 변화와 형상을 고스란히 지니고 있기도 하다. 지는 해도 한동안 붉은 기운을 머금고 있는데, 수십 년의 농축된 기운들이 단숨에 사위어가는 19공탄처럼 온기처럼 사라져버릴까? 어두운 밤 독서실의 책상 앞 등불이 잠에 겨워 희미해지기 시작하면 다가올 미래 자화상을 붉은 등불의 화면에 그려보기도 했다. 아울러 순간순간 해야 한다는 신념으로 나를 복제시키며 다짐하기도 했다. 내 안 깊숙하게 숨어 있을 희망의 빛을 발하기 위해 스스로 등불의 그림자처럼 날갯짓을 해보기도 했다. 황혼은 시간이 지나면 그 또한 남루한 거스러미*에 불과해 보이는가! 독서실의 적막하고 냉엄했던 시절은 아무리 파헤쳐 봐도 양파처럼 어디가 알맹이인지 껍데기인지를 모를 시간이 내게는 한없이 소중한 안식처이기도 했다.

요즘 인터넷이나 SNS 등에서 '케렌시아'란 단어가 유행하고 있다. 코로나로 인해 제3의 장소에서 정신적으로 육체적으로 휴식을 취하고픈 욕구가 있다. 그런 이유일까? 좀 더 액티브한 체험 카페나 북 카페 혹은 수면 카페 등이 각광을 받고 있다. 재택근무가 일상화되면서 제3의 공간들은 우리주변에서 다양한 형태로 떠오르고 있다. 또한 언택트 사회가 확산되면서 케렌시아라는 공간이 편하고 안락하다는 공감대가 점점 확산되고 있다.

19공탄처럼 삶은 다양한 색깔을 낸다. 젊음은 19공탄의 검은색이 단단하고 검은색으로 덧칠하듯이 독서실의 어둡고 한쪽 구석 공간이 최고의 보금자리가 되기도 했다. 19공탄이 타들어 갈 때 색은 철이 용광로에 들어가서 자태를 토해내는 듯이 중년에는 형용할 수 없는 색깔의 자태를 나타내고 있기도 하다. 누구나 자기만 삶의 안식처에 색깔이 존재한다. 그 색깔의 신념과 의지 따라 삶의 가치가 달라지게 마련이다. 이

겨울에도 19공탄의 온기가 한층 그리워질 때 수처작주 입처개진(隨處作主 立處皆眞)* 이란 말이 연기처럼 피어 올라가고 있다. 독서실 구석의 자태가 고귀하게 피어나 길을 희망하고 있다.

======

* 부처손 : 부처손과의 여러해살이풀. 줄기는 높이가 30cm 정도이고 많은 가지가 뻗으며, 잎은 짙은 녹색으로 잔 비늘 모양이다. 건조할 때에는 가지가 안으로 오그라지다가 습한 기운을 만나면 다시 벌어지는 성질이 있다. 관상용이고 큰 산의 바위에 붙어 나는데 한국, 일본, 중국, 필리핀 등지에 분포한다.

* 거스러미 : 손발톱 뒤의 살 껍질이나 나무의 결 따위가 얇게 터져 일어난 부분. 기계의 부품을 자르거나 깎은 뒤에 제품에 아직 그대로 붙어 남아 있는 쇳밥.

* 수처작주 입처개진(隨處作主 立處皆眞) : 당나라 임제선사의 글 중에 한 구절로서 '언제 어느 곳이든 스스로 주체가 되어라, 그러면 지금 있는 곳이 참된 진리의 세계다'라는 뜻이다.

2021년 12월 06일

베이스캠프

'신종 코로나바이러스 감염증(코로나19)'에서 예외일 줄 알았다. 왜냐하면 당국에서 시키는 대로 예방접종 했고 생활수칙 또한 한 치의 어긋남이 없었기 때문이다. 이런 이유에서 돌림병이라도 강 건너 등불로서 나와는 상관없다는 어리석은 판단을 했었다. 그리 믿고 황소같이 열심히 일하고 묵묵히 앞으로 걸어왔는데 청천벽력 같은 코로나19 확진 판정을 받았다. 확진 뒤에 돌아보니 여태까지 스스로 따스하게 보듬어보거나 위로하는데 무척 인색했던 게 숨겨진 내 진면목이었다. 편협하게 삶에 매달렸던 것은 마치 경주마가 곁눈질을 못 하도록 채찍질 당하며 오직 앞으로 달리도록 조련 받으며 산 삶과 영락없이 닮은꼴이었다. 결코 호락호락하지 않은 삶을 영위하면서 가정과 가족을 위해서라면 '나의 희생쯤이야!'라는 생각을 해왔었다. 벼락 치듯이 찾아온 신종 코로나바이러스 감염증을 겪으며 느낀 증상과 삶을 돌아본 생각의 대강이다.

아무런 생각이나 느낌이 없었다. 무기력해진다는 개념 자체를 인지할 겨를도 없이 사지를 비롯해서 어깨 등 온몸이 갈기갈기 찢어지는 듯한 심한 통증이 끊임없이 몰려와 정신이 혼미해질 지경이었다. 장맛비와 가마솥 찜통더위가 뒤섞여 정신이 차리기 어렵던 무렵 확진되면서 모든 게 뒤죽박죽으로 뒤엉켜 갈피를 잡기 어려웠다. 꼼짝없이 집에서 침대에 누워 우두커니 천장을 응시하니 조명 불빛이 안개처럼 가물가물해지면서 수많은 별이 나타났다가 사라지기를 반복했다.

온몸에 공포로 엄습하는 냉기를 달래려고 여름과 어울리지 않는 난방 제품과 보온용 물건을 하나둘 꺼내기 시작했다. 먼저 전기장판을 깔고 겨울 이불로 온몸을 감싸기를 수없이 되풀이했다. 사우나실이 따로 없었다. 온몸은 물에 젖은 멍석에 둘둘 말려 있기도 했다. 몇 차례나 젖은 멍석을 걷어내고 새 멍석으로 바꿨는지 헤아릴 수 없다. 그런 사투가 나흘 동안 지속되었다. 갑자기 눈에 물체가 어른거리기도 하고 귓전에는 환기를 위해 조금 열린 창문틈 사이로 비집고 들려오는 매미 소리도 희미하게 들리기 시작했다.

목숨이란 절대로 연약하지 않은가 보다. 그렇게 기고만장하던 돌림병의 만행에도 한계가 있었던가 보다. 견뎌내기 어렵게 온몸을 뒤틀고 쥐어짜며 날뛰던 코로나19도 기력을 잃고 서서히 뒷걸음질 치며 꽁무니를 빼려는 낌새가 역력했다. 그동안 계속 복용했던 쓴 약들에 의해 병균 일부는 온몸의 숨

구멍을 빠져나와 젖은 멍석에 묻혀 가기도 했을 게다. 아울러 일부는 체내에서 생긴 흙탕물(노폐물)에 휩쓸려 나가기를 끊임없이 되풀이했으리라. 조용한 방안으로 파고드는 바람결에 나뭇잎 부딪히는 소리가 심심치 않게 실려 온다. 텅 빈 방에 홀로 누워 온전하지 않은 정신과 육체를 돌아보며 자유로운 움직임이 허락되는 자유의 순간을 기다린다. 며칠 전까지는 실낱같은 희망의 끈을 부여잡고 절절하게 회생을 염원했었다. 그때보다 몰라보게 좋아진 지금은 지난 세월을 곱씹으며 아침마다 걷는 산책길에서 희망을 찾고 있다.

따스한 시선으로 나 자신을 돌아본다. 하얀 종이 위에 마음의 창문을 그려본다. 열린 창문 틈으로 모든 게 다 빠져나가버려 황망해진 내 모습을 상상한다. 이제까지 살아오면서 함부로 하다가 결국 몸져누워 지냈던 적이 더러 있다. 하지만 이번에는 당국에 지시대로 3차까지 백신을 접종했었다. 그럼에도 그냥 넘어갈 수 없는 산을 만나 혹독하게 앓는 시련을 겪었다. 이번 돌림병을 앓으면서 삶을 살아간다는 게 결코 쉽지 않으며 나와 관련되는 모른 일은 나 스스로 감당해야 할 몫으로서 가볍지 않다는 것을 절감했다. 하지만 그런 생각을 잊고 멍한 채 당할 경우 대책 없이 두려움이 밀려와 방황하거나 절망에 빠져 허우적거릴밖에 도리가 없으리라.

빽빽이 등을 보이면서 꽂힌 서재가 눈길을 사로잡았다. 멍하니 누워 있다가 슬며시 일어나 정리되지 않는 역사와 기행을 위시해 인문 서적 등이 어지럽게 꽂혀 있는 서재를 쭉 훑어봤다. 언젠가 읽었던 책에서 봤던 "누구에게나 인생을 위한 베이스캠프가 필요하다."라는 구절(句節)이 문득 떠올랐다. 뜻하지 않게 호된 코로나19를 앓고 나서 지난날을 돌아보고 생각을 가다듬을 '베이스캠프'를 쳐보기로 했다. 거기에서 다양한 책을 마주하며 앞으로의 삶의 방향을 설정하고 가치를 되새겨보는 자성과 성찰의 기회를 갖고 싶다는 욕구 때문이다.

그런데 병원의 처방약을 복용하면 몰려오는 졸음과 기침 때문에 의자에 기대 안정을 취해야 하는 시간이 길어져 제대로 집중하기 어렵다. 그래도 새로운 지식을 습득하고 삶의 지혜를 깨우쳐 나가는 지름길은 독서만 한 것이 없기에 포기하지 않고 최선을 다하고 있다. 비록 생각만큼 효과를 거두기 어렵더라도 예로부터 '티끌 모아 태산이 되고', '새의 깃이라도 쌓이면 배를 가라앉힌다.'라는 뜻으로 '적우침주(積羽沈舟)'라고 이르지 않았던가. 또한 무엇이라도 더 채우데 익숙해진 사회에 살아오다 보니 버리고 내려놓는 지혜를 깨우치도록 이끌어 줄 보고가 '베이스캠프'이지 싶다.

행복은 따뜻한 마음에서 비롯된다. 코로나19에 확진된 내게 조언해 주던 의사 선생님의 말씀은 "시간이 약이고 편안하게 잘 지내면 된다."이었다. 하지만 나로서는 예사롭지 않은 시련과 경(黥)을 치면서 어렵게 위기를 넘겼다. 그럼에도 안

심할 처지가 아닌 모양이다. 왜냐하면 재감염의 우려를 무시할 수 없는 질병의 특이성을 두고 이르는 독백이다. 그렇지만 절대로 재감염 일이 없도록 최선을 다해 조심할 요량이다. 원래 우리네 삶은 슬픔과 기쁨이 교차하기 마련이기에 크고 작은 명암(明暗)을 피하지 못하고 살아가게 마련이지 싶다. 이처럼 어려운 상황에 처할 때 서로가 감성적으로 대하고 위로하면서 각자의 베이스캠프를 잘 활용하면서 살아가는 것도 축복이다. 이 가을에 생각에 생각을 보태고 그 높이와 깊이를 더하게 살찌울 지혜를 서재에 찾을 수 있지 않을까. 찌는 듯한 더위가 수그러지기 시작한다는 처서(處暑)가 불과 며칠 뒤이다. 코로나19의 농간에서 벗어나 정상으로 향하는 감성적인 베이스캠프를 기대해본다.

2022년 08월 19일 금요일

두 노거수 은행나무

노을이 지는 서녘 하늘을 응시한다. 남은 빛이 나뭇잎 사이로 비추며 따뜻한 기운을 전해준다. 나뭇잎 하나를 손에 쥐고 하늘과 마주했다. 그 순간이었다. 마주했던 노거수는 단순한 나무가 아니라 나의 꿈과 추억을 담긴 존재였다는 사실을 깨달았다. 어린 시절의 나의 꿈, 친구들과의 추억을 비롯해 미래에 대한 희망이 모두 그 노거수에 새겨져 있지 싶다.

경북 포항시 북구 토성리 신광초등학교 운동장 한 모퉁이에 두 그루의 거대한 은행나무가 자리하고 있었다. 고학년 아이 두 명이 양팔을 펼치며 안아야 잡힐까 할 만큼 큰 나무였다. 천둥벌거숭이 같던 그 시절에 시간 날 때마다 그 품에 안겨 놀았기에 나뿐 아니라 아이들의 표정까지 모두 새겨진 역사의 증인 같은 존재이고 학교의 지킴이었다.

아침에 학교 정문에 들어서면 가장 먼저 두 노거수가 어린 우리를 반겨 주었고 운동장에서 뛰어 노닐 때면 우리는 언제나 그 나무 주변으로 모였다. 나무 아래에서 숨바꼭질하기도 하고 나무에 기대어 친구들과 속닥거리며 비밀 이야기를 나누기도 했다. 특히 가을이 되면 은행나무 아래에 떨어진 낙엽을 모아 산을 만들고 그 위에서 구르며 얘기꽃을 피우기도 했다. 지금 생각해보면 무슨 얘기를 나누었을까 싶지만 쉼 없이 떠들었던 기억이 아련하다. 가끔 노랗게 물든 나뭇잎을 책갈피에 속에 넣어두고 시시때때로 펼쳐보며 거기에 담긴 이런저런 추억에 희비를 곱씹으면서 자랐다. 아마 노거수는 우리의 놀이터 역할을 했지만 이런 추억까지도 다 기억하리라 본다.

때론 은행나무 아래서 혼자 시간을 보내기도 했고 이따금 점심시간에 친구들과 떨어져 나와 허기를 달래며 수돗물로 배를 채우고 나무 주변을 어정거리기도 했었다. 또한 구린내 나는 은행 몇 알을 주워 집에 가서 아궁이에 구워 먹으며 허기를 달래기도 했었다.

1970년대 시절에는 국가적으로 산업화 계획에 따라 주요 산업 분야에 대한 투자 증가로 전국적으로 경제성장을 하던 시기였다. 하지만 그때까지도 면(面) 단위의 시골 학교 주위에는 천수답이 대부분이었을 뿐 아니라 주로 밭농사에 매달려 사는 경우가 많아 조밥을 도시락을 가지고 오는가 하면 아예 점심을 거르는 아이들도 더러 있었다.

조밥은 겉으로 노오란 색으로 먹음직스러워 보인다. 가을 은행잎과 색이 어울린다. 그러나 그 노란색이 황달 같은 추억의 색으로 기억되기도 한다. 외진 산골에 사는 친구가 도시락으로 늘 조밥을 싸 왔다. 어느 땐가 그가 '매일 삼시 세끼로 조밥만 먹다 보니 새까만 꽁보리밥이라도 실컷 먹어 봤으면 좋겠다.'라고 하면서 매일 조밥을 먹으면 느끼하고 목구멍으로 넘어가지 않는다고 말했다. 그 느끼한 조밥도 실컷 먹지 못하는 친구를 생각하지 못한 말이기에 난 그 친구의 하소연을 진심으로 공감하지 못했다. 그런 좁쌀이라도 당시엔 무엇으로도 대신할 수 없는 중요한 먹거리가 틀림없었건만 그 친구가 다른 집 사정까지 다 헤아릴 만큼 철없던 시절은 아니었으니 지금 생각하면 그 추억에 미소를 짓게 된다. '노랗다'라는 공통점 외에 좁쌀과 은행은 격과 결이 전혀 다름에도 불구하고 지금도 은행잎을 보면 조밥이 넌덜머리가 난다는 어린 시절 친구가 떠오른다.

이렇게 먹는 것조차 부족했으니 다른 것이야 더 말할 게 없을 것이다. 그렇게 우리 부족함 속에서 살았고 철없이 그 부족함을 탓하기도 했다. 노거수는 부족함을 말하지 않는 나무다. 시간의 흐름 속에 곧게 자라고 싶은 가지도 휘어질 수밖에 없고 또 어떤 가지는 비바람에 못 이겨 쳐지기도 한다. 너는 한 몸이라도 상처 나지 않는 곳도 없다. 개구쟁이 어린 내가 나뭇가지를 밟고 올라서서 멀리 보이는 풍경도 보곤 했지만 그런 나를 싫다고 내치지도 않았다.

은행나무는 그런 비바람과 시달림 속에서도 잘 자라는 나무의 하나라는 것을 커서야 알았다. 천 년 이상 자랄 수 있는 나무의 하나로 꼽힐 정도로 '장수'를 상징하기도 한다. 그뿐만 아니라 '은행'과 '은행잎' 은 약으로 사용되기도 하여 많은 사람이 귀하게 여기고 진화론자 다윈이 '살아 있는 화석'이라 칭할 만큼 지구의 역사를 지켜온 나무다.

거친 비바람에 혹 허물어져 가는 낡은 학교가 무너질까, 혹여라도 아이들이 넘어져 다 칠까, 비보림(裨補林)의 역할도 하면서 학교와 나의 어린 시절을 잘 지켜준 것이 모교의 교목 은행나무이다.

학교에서 이나무를 교목으로 하고 두 나무가 교정을 지키도록 한 것도 거칠고 힘들게 살아가는 시절 묵묵히 당당히 그리고 꿋꿋하게 장수하며 살아가라는 교육적 의미가 있었던 것이 아닐까 생각해 본다.

말을 하지 않아도 두 나무는 해마다 봄이 되면 콧물 흘리면서 새로 입학하는 어린이들이 고문을 들어설 때 제일 반갑지 않을까 생각한다. 아마 마음속으로는 천진난만하게 걷는 조무래기들을 불러세우고 살며시 콧물을 훔치고 교실로 들어가라고 넌지시 일러주기도 했을 것이다. 학년이 올라가서야 여름 뜨거운 햇살로 시원한 그늘이 그리울 때나 갑자기 쏟아지는 비를 피해야 할 때 나무의 고마움을 조금씩 알아 갔다. 가을 운동회 때는 드 노거수를 중심으로 끈을 묶어 양 사방으로 만국기가 장식되었다. 바람에 휘날리는 만국기와 점점 노랗게 변하는 은행이 어우러진 모습에서 가을 운동회 분위기가 한껏 고조되었다. 아울러 운동장의 드높은 하늘에 펄럭이는 만국기는 꿈과 희망이 휘날리는 것 같아 힘이 되기도 했다.

긴 삶의 여정에서 때때로 지치고 힘든 순간이 찾아오기도 했다. 그럴 때마다 나는 두 노거수 아래에서의 시간을 떠올리며 다시 일어설 힘을 얻곤 했다. 물로 배를 채울 때도 있을 만큼 가난 속에서도 이렇게 성장한 것을 보면 말없이 나에게 정서적 고향이 되어주었던 두 나무가 큰 힘이 되었던 것이 아닐까 생각한다. 지금도 힘들 때마다 더욱 생각나는 것을 보면 여전히 그 두 나무가 가슴속에 새겨져 있을 만큼 교감이 있었다고 생각된다.

모교의 교정과 그때의 노거수를 만나기 위해 노을이질 무렵에 어릴 적을 생각하며 교정을 걸어봤다. 아, 그런데 그 큰 나무가 없었다. 새로 학교를 신축한다며 수백 년 된 두 노거수 은행나무를 모질게 베어버리고 그 자리에 건물이 들어설 터를 닦고 있었다. 오호통재라! 수많은 졸업생의 혼을 비롯해 꿈과 희망을 꿰고 있던 상징이자 터줏대감이었는데 너무도 안타까웠다. 베는 것은 순간이지만 오랜 세월의 역사가 온새미로 연기처럼 사라져 못내 아쉽고 내 가슴속 추억의 한 부분이 통째로 잃은 느낌이었다. 돌아오는 발길에 푸른 잎과 노란 잎 그리고 회갈색 빛을 내 마음속 깊이 되새기려는 순간 지난날의 추억들이 바람처럼 스쳐갔다.

2024년 07월 07일

차가운 바람이 가슴에 지나갈 때

봄의 자락이 슬며시 내려앉은 어느 날 이른 새벽 산 능선 길을 걸었다. 차가운 바람이 가슴을 가르듯 스치고 지나갈 때면 그 바람 끝에서 멈추어 선다. 그리고 묻는다. '지금 인생의 어디쯤 와 있는가. 이 길의 끝에는 무엇이 기다리고 있을까. 그리고 어디에서 봄을 기다리고 있는가.'라고.

아직 봄은 망설이고 있지만, 들판은 먼저 계절을 품기 시작했다. 스며드는 햇살 아래 마음속에 오래된 서랍 하나가 천천히 열리고 그 속에서 유년 시절의 기억이 피어난다. 따스했지만 아프고, 눈부셨지만 그리운 시간들이다. 그 시절 우리 집에 봄은 쉽게 찾아오지 않았다. 어머니는 이유도 모른 채 병상에 누워계셨기 때문에 집 안에는 무거운 침묵이 드리워져 있었다. 가족 모두가 어머니의 빈자리를 채우려 애썼지만 그 손길이 닿았던 자리는 결코 쉬운 일이 아니었다. 무너질 듯 위태로웠던 하루하루의 무게는 어린 나를 짓눌러 견디며 버티기 어렵게 만들었다.

아버지와 우리 형제들은 허둥대며 어머니 역할을 나눠 맡았다. 밥을 짓고 방을 쓸며 장독대 옆에 쭈그리고 앉아 채소를 다듬으며 어머니의 빈자리를 채워보려 했다. 그렇지만 그 자리는 쉽게 메워지지 않았다. 어머니가 늘 해오시던 그 소소한 일들조차 우리에겐 무거운 짐이었다. 가족들은 각자의 삶의 역할을 내려놓고 모두가 협심해서 오직 한마음으로 어머니의 회복을 빌었다.

그러나 하늘이 무심했던지 어머니는 여전히 자리를 보전하신 채 누워 지내셨다. 그렇게 시간을 끌다가 결국 멀리 계시던 고모님과 친척 할머니가 번갈아 우리 집에 오셨다. 낯선 듯 다정하고 엄한 듯 따뜻했던 두 분의 손끝에서 정성스레 만들어진 반찬은 시래기와 무말랭이가 들어간 찌개는 지금도 기억 속에 선명하다. 매일 그 반찬을 보며 슬픔 속에서도 따뜻함을 느꼈다. 그 맛은 단순한 음식이 아니었다. 그것은 사랑이었고 연결이었고 견뎌내는 힘이었다.

학교에서 돌아와 무겁고 답답한 마음을 달래지 못해 가방을 던진 채 뒷산으로 향하곤 했다. 아무도 없는 산길을 걸으며 마음속 깊은 외로움과 슬픔을 달랬다. 혼자 걷는 그 산길은 말이 없었지만 모든 감정을 온새미로 받아주었다. 어떤 날은 짙은 안개 속에서 길을 잃기도 했고, 어떤 날은 어두운 산길에서 별을 올려다보며 큰소리로 외치기도 했다. 그때마다 산은 내가 내뱉는 울분의 마음을 있는 그대로 품어주었고 별빛은 기도를 메아리처럼 되돌려주었다. 그 메아리는 다시 가슴에 돌아와 눈물로 젖었다. 하지만 그 울림 속에서 조금씩 자라고 있었다. 삶이 무엇인지, 사랑이 어떤 모양인지 그 조각들이 마음속에 차곡차곡 쌓여갔다.

3년이란 긴 세월 동안 병석에서 자리보전을 하시던 어머니의 병세가 기적처럼 조금씩 회복되기 시작했다. 그 소식은 봄 햇살처럼 우리 집안을 비추었고 그때 처음 진짜 봄이 무엇인지 알게 되었다. 기다림이 길어도 희망은 반드시 찾아온다는 사실을 그때 배웠다. 차가운 바람이 다시 가슴을 지나갈 때마다 그 시절의 기억이 불쑥불쑥 떠오른다. 무말랭이 한 조각에 담긴 고모님과 할머니의 정성과 말없이 어머니를 바라보던 아버지의 눈빛이 울음을 삼키며 걸었던 뒷산의 오솔길… 그 모든 것이 내 삶의 밑거름이 되어주었다.

아직도 찬바람이 가슴을 쓸고 지나갈 때면 유년 시절 그날을 떠올린다. 매일 아침 반찬 그릇에 올라오던 무말랭이처럼 그 시절 고마웠던 기억은 해가 지날수록 더 또렷해진다. 고모님과 할머니의 따뜻한 정과 어머니 묵언(默言) 기도가 안겨주던 따뜻한 위로 등이 지금의 나를 만들었다. 지금도 무말랭이를 보면 가슴 한편이 뭉클해진다. 단순한 음식이지만 내게 그것은 시간의 향기인 동시에 삶의 의미다. 가끔은 그 시절의 고마운 분들을 떠올리며 조용히 손을 모은다. 그리고 다시 길을 나선다.

지금도 스스로 묻는다. 생의 길 위에서 어디쯤 와 있는가. 그러나 이제는 두렵지 않다. 봄은 반드시 다시 오고, 자연은 묵묵히 품어줄 것이기에 언젠가 산의 넉넉한 품 안에서 간단치 않은 삶도 노을빛으로 물들 것이다. 차가운 바람이 스쳐갈 때마다 자연 속에서 스스로 다독이며 오늘도 살아간다. 자연은 언제나 묵묵히 안아주고 그 속에서 조금씩 삶의 해답을 배워가며 또 한 걸음을 내디딘다.

시간, 그리움, 감사와 눈물, 기도가 어우러졌던 그 시절이 있었기에 세월의 흐름과 함께 조금 더 단단해질 수 있었다. 그리고 여전히 마음 한편에 갈무리되어 있는 무말랭이의 깊고 오묘한 맛처럼 사랑과 희망이 오래도록 머물고 있기를…….

2025년 03월 22일

풀잎의 말

여름이 고개를 떨굴 무렵이면 어김없이 들판 저편에서부터 마른 풀냄새가 바람을 타고 전해온다. 그것은 단순히 계절의 전환을 알리는 신호만이 아니다. 내게는 그 냄새가 유년 시절의 어느 골짜기를 불어오는 가장 진한 향기였다. 누군가에겐 스쳐 지나가는 바람결이지만 마음 깊은 곳을 두드리는 울림이며 공명(共鳴)이었다. 그 향기에는 어린 시절의 고단했다. 그렇지만 한편으로는 빛났던 한 줄기 햇살 같은 기억들이 어우러져 있었다.

도시 사람들은 아마도 그 냄새를 구분할 재간이 없을 것이다. 그러나 산촌에서 태어나고 자란 이들에게는 마른 풀냄새는 단순히 마른 풀 내음이 아니다. 그것은 어느 한 계절의 사연이며 하루해가 저물어갈 즈음 삶의 마디마디에서 피어오른 소리 없는 노래였다. 논둑 끝에서부터 밭 가장자리 둔덕 아래까지 널브러져 있던 갈대며 엉겅퀴와 땅찔레 등이 여름의 열기를 머금고 누워 있었다. 그 풀잎들이 바람 한 줄기만 스쳐도 도란도란

속삭이며 무언가 말하고 있었다는 것을 그때는 알지 못했다.

그 말 없는 속삭임을 처음 들었던 때는 아마도 어느 심부름 길이었을 것이다. 어머니의 심부름을 위해 산자락 어느 초가집에 갔던 날이었다. 그 집 대문을 들어설 때 나를 감싼 건 사람의 말이 아닌 뜨거운 햇살 아래 널브러져 시들시들 말라가던 풀들의 향기였다. 그 마당 구석을 가득 채운 마른 풀 더미는 깊이 끌어당겼다. 풀 향기는 한가득 마음속으로 스며들었다. 그 집 주인은 나무를 하러 갈 때마다 풀도 베어다가 말려 겨울철 가축의 먹이인 건초로 사용한다고 했다. 연탄 한 장조차 귀하던 시절 그 풀 더미는 생존의 단면을 말해주는 물증이었고 삶의 궤적이었다.

그 모습은 어쩌면 가장 원초적인 청렴한 모습이었는지도 모른다. 시시콜콜 구차한 변명이나 탓을 하지 않고 인고의 삶을 묵묵히 감당해내야 했던 현실이 호락호락하지 않을 터임에도 이렇게 나직하게 말하고 있는 것 같았다.

'너는 이 냄새를 기억해야 한다. 이것이 바로 살아 있는 사람의 흔적이란다.'

어린 시절 방 한편에는 항상 콩나물시루가 있었다. 구수한 내음이 깃든 콩나물시루는 단순한 먹거리를 넘어서 집 안에서 살아 숨 쉬는 생명체인 동시에 어머니의 정성이 가득 담긴 존재였다. 물만 잘 주면 콩나물은 잘 자라는 법이라며 어머니는 우리에게 물을 주는 일을 맡기셨다. 하지만 나는 그 일보다는 글 읽기에 빠져 있었다. 책 속 세상에 빠져 툭하면 콩나물의 목마름을 잊어버리곤 했다. 어느 날 콩나물이 숨을 멈춘 듯 축 늘어져 있었다. 방에 들어오신 어머니는 곧바로 그 모습을 발견하고는 목소리를 높이셨다.

"이놈이! 콩나물들이 목이 말라 아우성치고 있는데, 그 소리가 안 들리느냐!"

억울했다. 말도 하지 않는 콩나물이 어떻게 아우성을 친다는 말인가. 그땐 이해할 수 없었지만 적지 않은 세월이 지나 그 말에 담긴 깊은 함의(含意)를 어렴풋이 깨달았다. '생명의 외침은 늘 소리 없이 다가오는 법'이라는 것을 어머니의 그 말에 응축되어 있었다. 그로부터 오랜 세월이 지나 글을 쓰게 된 지금까지도 내 글의 본질을 일깨워주는 금언(金言)이 되었다.

우리는 너무 쉽게 말하는 것들만 귀 기울이고, 소리치는 것들만 중요한 것이라 착각한다. 그러나 진정한 말은 고요함 속에서 나온다. 말이 없는 들판, 소리 없는 풀잎, 침묵하는 꽃잎, 입 다문 돌멩이조차도 저마다의 언어로 세상과 소통하고 있다. 그들 또한 목마르면 울고 바람이 스치면 흔들리며 응답한다. 미욱하게도 이제야 겨우 깨우치게 되었다.

'글을 쓰는 일은 그 소리를 듣는 일이며 말이 없는 존재들과 눈을 맞추는 일이라는 것을.'

들판에 앉아 자주 돌멩이와 눈을 맞춘다. 바람결에 실려 오는 풀잎 소리 하나에도 귀를 기울인다. 꽃잎이 한 장 떨어지는 소리를 마음으로 받아들인다. 그렇게 세상의 소리를 듣고 그 속에서 이야기들을 수집한다. 결국 내가 써 내려가는 글이란 어쩌면 말 없는 생명들이 나에게 건네는 이야기의 기록일지도 모른다.

여름의 끝자락 또다시 마른 풀의 향기가 감싼다. 그 향기는 언제나처럼 나직하고 조용하다. 그러나 그 속에는 무수한 말들이 숨어 있다. 어릴 적 풀을 베던 둔덕 한쪽의 시루 산자락 아래의 초가집… 그 모든 장면이 다시금 내면에서 되살아난다.

이제 겨우 알 것 같다. 진짜 글이란 '들리지 않는 소리를 듣고 보이지 않는 움직임을 쓰는 일이라는 것.'을. 세상은 늘 소리 없이 말하고 있고 우리는 그 말을 들을 준비가 되어 있어야 한다. 그래야 진짜 문장이 시작될 수 있다. 마른 향기 속에서 말하지 않아도 전해지는 세상의 깊은 숨결을…….

2025년 04월 12일

태항산맥에 묻다
_나는 무엇으로 존재하는가

새싹의 계절 봄이 오면 마음도 덩달아 설레기 시작한다. 메말랐던 가지마다 손끝으로 스치기만 해도 톡 터질 듯한 뽀얀 살결이 피어오르고 그 곁을 스치는 봄바람은 따뜻한 향기로 가슴 깊숙이 스며든다. 잡힐 듯 다가오는 것들이 있는가 하면 오히려 마음 한구석에는 설명할 수 없는 허전함이 조용히 자리를 잡는다. 무엇인가 새로운 것을 움켜쥐고 싶고 잃어버린 것을 되찾고 싶은 이 계절에 고대 중국의 우화인 우공이산(愚公移山)에서 듣던 태항산맥(太行山脈)으로 이어진 화산(華山), 태항산(太行山), 숭산(嵩山)에 오르기로 했다.

태항산맥의 대협곡과 바위 절벽 그리고 바람이 부는 산등성이에 서면 아득한 하늘 아래에서 나 자신이 얼마나 작은 존재이며 얼마나 많은 것을 꿈꿀 수 있는지 제대로 깨우칠 수 있으리라는 기대에서 내린 단안이다. 희망을 찾아 잊고 있었던 꿈을 되살려 볼 요량에서 낯선 산길을 걸어보기로 했다.

따라서 이 번 트래킹은 낯선 길 위에서 지금 이 순간의 나와 마주하며 내일을 그려보며 삶을 설계할 것이다. 태항산맥은 중국 동부의 지질 구조에서 큰 단층대로 형성되어 있다. 단층대의 동쪽에서는 지각이 계속 가라앉아 화북평원(華北平原)이 형성되었고, 단층대의 서쪽에서는 지각이 솟아올라 내몽고평원(內蒙古平原)이 형성되었다. 산시고원(山西高原)과 윈난(雲南)·구이저우고원(貴州高原) 이 과정에서 태항산맥으로 태항산이 솟아올랐다고 한다.

먼저 중국의 그랜드 캐니언이라 불리는 화산을 찾았다. 화산은 중국 샨시성(Shaanxi, 陝西省) 남쪽의 진령산맥(秦嶺山脈)에 위치해 있다. 아득한 세월을 견뎌낸 바위의 얼굴들이 저 멀리 아침 햇살을 받아 은은하게 빛났다. 중국 오악(五嶽)* 중 서악(西嶽)이라 불리는 화산 그 이름 속에는 '화려하다(華)'는 뜻과 함께 세월을 끌어안은 장엄함이 숨 쉬고 있었다. 첫걸음을 내딛자마자 길은 곧바로 사람이 갈 수 없는 듯한 벼랑 끝으로 이끌었다. 깎아지른 듯 천야만야한 절벽은 발끝이 떨릴 만큼 공포를 자아냈다. 하지만 심장 깊은 곳에서는 알 수 없는 설렘이 꿈틀거렸다. 흔들리는 다리 하나 없이 단단히 박힌 바윗길 위에서 누군가 피와 땀으로 일궈낸 이 길을 따라 나는 세상을 다 가진 듯한 자유를 느꼈다.

동봉(東峰)에서 맞이한 아침은 눈부시게 아름다웠다. 어둠을 뚫고 솟구치는 빛 한 줄기가 화산의 굳은 바위 위를 금빛으로 물들이는 순간 나는 깨달았다. 흔들리면서도 꺾이지 않는 마음 하나로 서 있는 것이 진짜 아름다움이라는 것을, 어딘가 모르게 투박한 그 길을 따라 조심스럽게 발을 디디며 중봉에 올라섰다. 거센 바람에도 끝없는 세월에도 부서지지 않고 신들의 정원에 도열한 듯한 기기묘묘한 형상으로 서 있는 기암괴석들을 하나하나 감상하며, 그 옛날 누군가가 거친 암석을 망치로 두드리고 쪼개며 만든 길을 오르내리면서 숨이 가빠질 때마다 고개를 들어 하늘을 바라봤다. 그렇게 끝없이 펼쳐지는 신비한 경관에 압도된 채 걷고 또 걷다 보니 마침내 최고봉인 남봉(南峯)에 다다랐다. 화산은 말이 없었다. 그 침묵 속에서 나는 들었다. 견디며 품고 다시 피어나는 생명의 소리를. 이마에 흘러내리는 땀방울을 바람에 날려 보내며 그 소리를 온몸으로 느꼈다.

화산의 바람은 다른 곳과 달랐다. 맑고 거칠면서도 어딘가 모르게 따뜻함을 안고 있었다. 억겁의 세월 동안 이 바람은 헤아리기 어려울 만큼의 봄과 겨울을 품으며 사람들의 숨결을 함께 실어 날랐으리라. 그 바람에 얼굴을 맡긴 채 눈을 감으면 돌 틈에서 피어오른 이름 모를 풀꽃 하나에도, 하늘 끝을 찌를 듯 솟구친 봉우리 하나에도 살아 있다는 감사가 물밀 듯 밀려왔다.

태항산맥은 베이징(Beijing), 허베이(Hebei), 산시(Shanxi),

허난(Henan) 4개 성(城)과 시를 관통하며, 총 길이가 약 400km에 달한다. 나머지 태항산맥까지 포함하면 총 길이는 1,000km에 이른다. 넓은 의미에서 태항산은 실제로 많은 유명한 산들을 포함하고 있으며 그 지역 사람들은 말한다.

"자신이 부족하다고 느낄 때, 태항산(Taihang Mountains)에 가야 한다."라고.

그래서 이번 험난한 산행 길을 나섰는지도 모르겠다. 태항산 정상에 이르렀더니 스스로에게 질문을 던지게 되었다.

"나는 무엇으로 존재하며, 무엇을 버티며 살아가는가?"

장구한 세월 동안 한결같이 비바람을 견뎌낸 돌들이 지금 이 순간에도 고고한 자태를 뽐내며 눈앞에 도열해 있다. 태항산 깊은 골짜기 마을들에는 오늘도 무거운 돌 한 장씩을 이고 선 집들이 있었다. 비바람에 깎인 험한 절벽 바위산을 깎아 세운 작은 집들은 기왓장도 아늑한 나무 서까래도 없이 그저 널찍한 돌을 지붕 삼아 하늘을 막고 있었다. 이곳을 찾았을 때 그 돌덩이 지붕을 바라보며 여러 가지 생각을 했다. 차가운 돌 아래 숨 쉬는 따뜻한 사람들과 돌 틈 사이로 피어나는 한 줌의 연기의 그 모습을 바라보며 인생도 어쩌면 돌을 하나하나 지붕 위에 올려놓는 것과 같을지도 모른다. 상처 입고 깎이고 부서지면서도 그 조각들을 하나씩 모아 자기만의 작은 집을 지어 자연과 어울려 누리는 삶은 많은 생각을 불러일으켰다.

갑자기 태항산 골짜기를 타고 밀려든 구름이 운해를 이루고 산비탈을 따라 굽이굽이 치는 좁은 도로와 바위 절벽을 뚫어 터널을 만들었다. 태항산 축제의 하얀 목련 꽃잎 같은 운해가 계곡 가득 피어올라 형용하기 어려울 정도로 아름다운 경이로움이 펼쳐졌다. 격렬한 지질학적 변화 속에서 대지는 태항산맥을 떠나 봉우리와 긴 협곡과 천야만야한 절벽을 만들었다. 태항산을 넘는 것은 인내와 어려움 극복의 상징이자 영적인 상징이기도 했다. 바위의 웅장함뿐만 아니라 굽이치는 물의 부드러움까지 태항산은 품고 있었다.

천년의 세월을 품은 하남성(河南省) 덩펑시(登封市)에 자리한 오악(五嶽) 중 중악(中嶽)이라 불리는 숭산을 찾았다. 바위 하나, 나무 하나에도 깊은 침묵이 서려 있었다. 그 침묵을 뚫고 걸어 들어가니 산의 품 안겨 고요히 숨 쉬던 소림사(少林寺)가 반겼다. 이 도량(道場)은 단순한 절이 아니라 수백 년 동안 인간의 육신과 정신이 갈고닦던 수도처였다. 돌계단을 밟고 오를 때마다 저 멀리 인도에서 건너온 달마 대사의 맨발 자국들이 살아 숨 쉬는 듯한 기운이 느껴졌다.

숭산의 잔도(棧道)는 남쪽 비룡협(飛龍峽) 절벽을 따라 조성되었다. 총 길이는 대략 4,000미터이고, 가장 높은 곳은 해발 1,000미터를 넘는다고 한다. 그 길은 마치 허공에 매달린 듯이 깎아지른 절벽을 따라 이어졌다. 바로 아래는 천 길 낭

떠러지로서 손에 잡힐 듯 아득한 허공 너머로 숭산의 바위와 숲이 겹겹이 내려다보였다. 그 잔도 위에 섰다. 몸을 의지 할 수 있는 것은 가느다란 쇠줄 하나 바람이 잔도를 스치면 쇠줄이 가볍게 떨렸다. 손바닥에는 어느새 땀이 맺히고 심장은 조용히 두근거리기 시작했다. 한 걸음 또 한 걸음 두려움을 껴안고 겨우 걸었다. 잔도는 내게 속삭였다.

"네가 믿는 것은 발밑의 바위가 아니다. 네가 믿는 것은 너 자신이다."

삶이란 어쩌면 늘 이런 잔도 위를 걷는 것인지도 모른다. 떨리면서도 걸어야 하고, 두려우면서도 나아가야 하며, 바람에 흔들리면서도 결국엔 자신을 믿어야 하는 길이다. 숭산의 바람은 예와 다름없이 오늘도 잔도를 흔들고 있다. 절벽 위를 스치고 가는 바람을 맞으며 천천히 고개를 들었다. 저 멀리 흩어지는 운해는 거칠지라도 따뜻한 돌의 숨결을 실어 말없이 내 어깨를 다독여 주었다. 두려움도 설렘도 지나온 길 위에 하나하나 내려앉았다. 그 모든 흔들림과 망설임조차 결국은 나를 여기까지 데리고 왔던 삶의 동반자였음을 비로소 어렴풋이 깨닫는다.

'다시 길을 걷는다.'

발아래에는 바위가 있고, 머리 위에는 하늘이 있으며, 가슴 깊은 곳에는 아직 피어나지 않은 희망이 힘차게 싹트기를 염원하며 나를 찾는 여정은 끝없이 이어질 것이다.

======

* 중국의 오악(五嶽(岳)) : 동악(東嶽) 태산(泰山), 서악(西嶽) 화산(華山), 중악(中嶽) 숭산(嵩山), 남악(南嶽) 형산(衡山), 북악(北嶽) 항산(恒山) 들을 일컫는다.

2025년 04월 26일

연흔(漣痕)*

_대청도 옥죽도 해안사구에서

초여름의 햇살이 바다 위에 윤슬로 반짝인다. 서해의 맨 끝자락에 바다와 하늘이 맞닿은 경계 너머에 대청도가 있다. 작년에 도착하자마자 거센 날씨 탓에 잠시 머물다 바다 냄새만 맡고 돌아서야 했었다. 그때의 진한 아쉬움이 마음에서 지워지지 않아 올해 다시 찾았다. 맑은 날씨 덕분에 갈매기들이 날개를 펼쳐 바다 위를 유유히 선회하며 섬의 안부를 전해줬다.

대청도는 해안선의 굴곡이 풍부한 섬이다. 둘레는 약 26km로 절벽과 갯벌을 위시해서 해안사구가 어우러진 자연 그대로의 해변은 파도가 씻고 간 자리마다 순결한 자태를 뽐내고 있다. 그 풍경 속에서 모래 위에는 햇살이 그려놓은 무늬들이 조용히 춤추고 있었다. 한 발 또 한 발 천천히 경이로운 모래 언덕을 조심스럽게 올랐다. 한국의 '사하라 사막'이라 불릴 만큼 이국적인 풍광이 펼쳐졌다. 길이 1.6km이고 폭 0.6km이며 해발 40m의 옥죽도 해안사구는 오랜 세월 바람이 운반한 모래로 이루어진 거대한 자연의 조각이었다. 발밑으로 미끄러지듯 밀려나는 부드러운 모래 위에 파도와 바람이 남긴 필체 연흔(漣痕)이 선명하게 새겨져 있었다.

그 필체는 인간이 흉내 낼 수 없는 고요한 언어였다. 모래산 위의 작은 물결 자국은 바다의 호흡이 남긴 서정이며 자연이 하루를 기록한 일기장이었다. 한때 이곳 사람들은 "모래 서 말(三斗)은 먹은 뒤에야 시집을 간다."라고 했단다. 아무리 문을 꼭 닫아도 모래는 바람에 실려 밥상 위는 물론이고 심지어 이불 속까지 스며들었다. 사람들은 고단한 삶을 위협하던 사구를 막기 위해 해송, 모감주나무, 동백나무를 심어 방풍림을 조성했다. 그 같은 대응은 생존의 절박함으로부터 비롯된 지혜이자 의지였다.

연흔은 움직이며 사라지는 것들의 기록이다. 영원하지 않기에 더 눈부시다. 아침 햇살에 비친 굴곡은 금빛 실핏줄처럼 이어지고 모래알 하나하나가 물의 기억을 간직한 듯 반짝인다. 옥죽도 해안사구는 그런 기억들이 층층이 쌓인 지질의 일기장이며 수천 년 시간의 주름을 담은 생명의 서사시이다.

발걸음을 멈추고 허리를 굽혔다. 손끝으로 연흔의 선을 따라 더듬는다. 바람이 불어도 쉽게 사라지지 않는 그 흔적들 문득 그것이 인간의 삶과 닮았다고 느꼈다. 삶 또한 수많은 바람과 물결에 흔들리며 남긴 흔적들로 이루어지지 않던가. 누군가에게는 아무 의미 없는 곡선일 수 있지만, 또 누군가에게는 그것이 인생의 전부였던 날도 있었을 것이다.

대청도의 모래는 고운 살결 같았다. 파도가 한 차례 휩쓸고 간 뒤, 바람이 지나가면 다시 새 연흔이 생겨났다. 때로는 질서 있게 때로는 불규칙하게 그러나 그 안에는 자연의 논리와 리듬이 있었다. 혼돈 속에서도 질서를 지켜내는 것 그것이 자연의 법칙이다. 인간은 그 질서 앞에 겸허해야 한다.

해안사구 위에 조용히 무릎을 꿇고 앉았다. 파도 소리 너머의 침묵에 귀를 기울인다. 바다를 등지고 바람을 마주한 채 눈을 감았다. 파도의 리듬이 내 호흡과 닮았다. 스스로 묻는다. 오늘도 어떤 연흔을 남기며 살아왔는가. 의미 없는 격랑만 일으키고 있지는 않았는가.

지금 이곳 사구에는 여전히 사층리(斜層理)의 흔적이 엷게 남아 있다. 연흔이 반복되어 쌓이며 만들어낸 시간의 층들에는 수만 년 전의 파도가 퇴적시킨 그 모래가 지금 내 발밑에 놓여 있다. 대청도의 바람과 파도는 단순한 풍경이 아니라 생명의 기억을 품은 존재다. 내가 이곳에 선 것도 그 이야기 속의 한 문장으로 남고 싶기 때문이다. 하지만 지금 그 자연은 조금씩 사라지고 있다. 방풍림은 더 이상 생존의 수단만이 아니다. 인간이 자연을 관리하고 조성하는 시대이다. 모래는 사라지고 연흔은 지워지고 있다. 나는 질문을 품는다.

‘우리가 사막을 없애는 것이 정말 자연을 위하는 일일까?’

그 시절 사람들은 살아남기 위해 자연과 싸웠지만, 오늘의 우리는 자연을 내몰고 있다. 연흔은 언젠가 사라질 것이다. 그것이 사라졌다고 해서 모든 것이 끝나는 것은 아니다. 그 자리에는 또 다른 연흔이 또 다른 시간이 또 다른 이야기가 생겨날 것이다. 그 되풀이 속에서 자연의 지속과 생명의 순환을 본다. 인간은 사라져도 자연은 계속된다. 그것이 연흔이 전하는 조용한 교훈이다.

돌아서는 길에서 다시 한번 고개를 돌려 모래 위를 바라본다. 바람결에 아까보다 연흔은 조금 더 옅어져 있다. 그 짧은 존재의 아름다움은 더 깊이 가슴에 남는다. 오늘, 이 해안에서 바람과 모래가 함께 써 내려간 연흔의 편지를 품에 안고 내 자리로 되돌아온다. 그리고 다짐한다. '나도 누군가의 삶 위에 부드러운 연흔 하나 남길 수 있는 존재가 되고 싶다.'라는 생각이 바다 물결 위에 아른거렸다.

한때는 사막이 공포였고 바람은 적이었다. 이제는 그 사막이 살아 있는 생태계이며 바람은 땅을 식히는 숨결이다. 모래가 다시금 대지를 덮고 연흔이 거듭 새겨지며 그 위에 생명이 피어나는 풍경 그것이 우리가 회복해야 할 자연의 미래다. 바람은 연흔을 새기고 모래는 사라질 듯 피어나며 대지 위에 진짜 기억을 남길 것이다. 다시금 연흔을 따라 걷는다. 사라짐을 두려워하지 않고 자연과 함께 움직이며 흔적을 남기는 삶을 꿈꾼다.

======

* 연흔(漣痕) : 호숫가나 해안의 지층에 새겨져 있는 물결 모양의 흔적을 뜻한다. 지층의 퇴적 당시에 형성된 것으로서 현재의 해안이나 강바닥의 모래땅 표면에서도 볼 수 있다.

2025년 05월 07일